KINZAI バリュー叢書

社外取締役の実像
―15人の思想と実践―

経済産業省［編著］
PwCあらた有限責任監査法人［協力］

一般社団法人金融財政事情研究会

はじめに

近年、コーポレートガバナンスや企業買収の文脈で注目を浴びることの多い、社外取締役。二〇一〇年に一五〇〇名ほどだった東証一部上場企業の社外取締役の人数は、その後十年間で四倍に増え、二〇二〇年には六七〇〇名を超えています（日本取締役協会調べ）。

現在では、取締役会の三分の一以上を独立社外取締役が占める会社が、東証一部上場企業の六割近くにのぼり、また、取締役会の議長を社外取締役が担う会社も増えるなど、日本企業の経営のなかで、社外取締役が重要な役割を担うようになっています。

さらに、二〇二一年六月に改訂が予定されているコーポレートガバナンスコードの改訂案では、プライム市場上場会社は独立社外取締役を少なくとも三分の一以上選任すべきであるとする原則が盛り込まれており、社外取締役の重要性は今後さらに高まることとなります。

振り返ると、二〇一三年に策定された「日本再興戦略— JAPAN is BACK —」で、日本の成長戦略の柱の一つとしてコーポレートガバナンス改革が位置づけられました。それ以降、会社の持続的な成長と中長期的な企業価値の向上のため、会社・投資家・政府など多様な関係者が、コーポレートガバナンス改革に関するさまざまな取組みを進めてきました。そのなかで、前述のとおり社外取締役の人数や割合は急速に増加し、ガバナンス改革の牽引役として存在感を示す方も増えてきています。

しかし、日本のコーポレートガバナンス改革は、まだまだその途上にあるともいえます。実際、経営の現場からは、社外取締役の導入が形式的なものにとどまっているのではないか、社外取締役の役割認識が明確になっていないのではないか、会社の持続的な成長と中長期的な企業価値の向上に必ずしも貢献できていないのではないかといった声が寄せられています。

コーポレートガバナンス改革を形式から実質へと深化させるため、その中核となる社外取締役がより実質的な役割を果たせるように何をすべきか。

こうした問題意識から、経済産業省では、二〇一九年一一月から二〇二〇年一月にかけて、東証一部・二部上場企業の社外取締役を対象にアンケート調査を実施しました。また、社外取締役の役割認識や具体的な行動について実態に迫るべく、四二名の社外取締役の方々に対してインタビューをさせていただきました。

これらの調査で得られた結果をもとに、経済産業省の研究会であるコーポレート・ガバナンス・システム研究会（第二期）で議論し、その成果をまとめるかたちで、二〇二〇年七月に「社外取締役の在り方に関する実務指針」（以下「本ガイドライン」という）を策定しました。

本ガイドラインについては、本書の巻末にその概要を掲載していますが、会社法やコーポレートガバナンスコードの趣旨をふまえつつ、社外取締役が心がけるべき主な「心得」、社外取締役に期待される具体的な行動のあり方、会社側が構築すべきサポート体制や環境について、それぞれまとめたものです。また、このガイドラインでは、前述した社外取締役へのインタビュー調査などでいただいたご意見を、「参考資料1　社外取締役の声」として匿名で掲載しています。

二〇二〇年七月に本ガイドラインを公表して以降、この「社外取締役の声」について現役の社外取締役の方を中心に多くの反響をいただきました。本書は、これらの反響を受け、ガイドラインの添付資料には盛り込めなかった、より具体的な内容をより多くの方にお届けしたいとの思いから、さらに掘り下げた内容を書籍のかたちでまとめ、出版する運びとなったものです。

本書では、社外取締役一五名のインタビューを、臨場感あふれる対話形式で掲載しています。日本をリードする社外取締役の方々がどのような心構えを有し、実際にどのような行動をとっているのか、経験者の生の声が詰まった一冊となっています。

本書は全四章で構成されており、第1章は外部の視点を取り入れるために社外取締役はどのようなことに留意すべきかという観点から、第2章は経営者とともに企業価値を高めるためにどのようなことに留意すべきかという観点から、第3章は取締役会議長としてどのようなことに留意すべきかという観点から、それぞれまとめています。そして、第4章ではこれらをふまえた各企業での実践事例と、実践する際の留意点について紹介しています。

一五名のインタビューを通して読むと、いくつか共通項がみえてきます。たとえば、「社外取締役は表層的ではない本質的な問題点をとらえ、長期的な思考で会社の事業にコミットしなければならない」といったことや、「社内の見方にとらわれず、外部の視点をもって発想・発言することが重要」といったことです。本書では、こうした点を実現するためにどのように行動しているか、その実例が数多く掲載されています。現在、社外取締役としてご活躍されている方にとっての迷った時の道標となるだけではなく、これから社外取締役になる可能性のある方や、取締役会の事務局などコーポレート部門の関係者、さらには企業経営一般に関心をもつ方にとっても、気づきを与えてくれるエッセンスが詰まっているのではないかと考えています。

なお、紙面の都合上、インタビューさせていただいた四二名の方のなかから、取締役会議長や指名委員会委員長を務めている社外取締役をはじめとする一五名の方のインタビューのみを掲載することとなりました。本ガイドラインに掲載の「参考資料1　社外取締役の声」には、匿名ではありますが、本書には掲載することのできなかった示唆に富む声が数多く記載されています。ぜひ、本書とあわせて「参考資料1　社外取締役の声」もご覧ください。

それぞれのご意見等は、各インタビュー対象者の経験や会社の状況に応じてさまざまな内容を含むものであり、必ずしもすべての社外取締役・会社に一般的に妥当するものではありません。また、インタビューは二〇一九年一〇月から二〇二〇年一月にかけて実施したものであり、その後の社会情勢の変化等については一部を除いて反映されておらず、各インタビュー対象者の肩書は二〇二一年一月時点のものであることにご留意いただければ幸いです。

日本企業にとって、低成長から脱し、企業価値を底上げしていくことはこの四半世紀を通じての課題であり続けてきました。また、足元では、新型コロナウイルス感染症の拡大や地政学的な変化が生じており、会社の持続的な成長の実現がこれまで以上に問われるようになってきています。このような状況下で、わが国における会社の持続的な成長と中長期的な企業価値の向上のため、社外取締役に求められる役割や期待は、今後さらに大きくなっていくことでしょう。本書がわが国のコーポレートガバナンス改革の推進に寄与するとともに、社外取締役の方をはじめとした多くの皆様にとって、思考と実践の拠り所となる一冊となれば幸いです。

最後になりましたが、本書の中心は一五名の社外取締役の方のインタビューにほかならず、これらの方々がインタビューに応じていただき、また、本書の刊行に賛同いただくことがなければ、実現しえないものでした。わが国のコーポレートガバナンスをより良いものにするという目標を共有し、ご協力をいただいた社外取締役の皆様に、心より感謝を申し上げます。

また、本書の編集にあたり、金融財政事情研究会の花岡博氏から、本書を多くの方に手にとっていただき、インタビューを受けた方々のメッセージを読者に伝えるための有益な示唆を多くいただきました。また、各インタビューの際にはＰｗＣあらた有限責任監査法人の皆様にご協力いただきました。この場を借りて御礼申し上げます。

二〇二一年六月

経済産業省　経済産業政策局　産業組織課

目次

第1章 外部の視点を取り入れる

第4章 社外取締役としての実践

第1章

外部の視点を取り入れる

会社の持続的な成長と中長期的な企業価値の向上を実現するためには、社外取締役が社内のしがらみにとらわれない立場から、市場や産業構造の変化をふまえた会社の将来を見据え、経営戦略を考えることが重要である。また、社内の常識が世の中の常識と乖離していないかを確認するとともに、各事業部門の利害にとらわれない全社レベルでの「全体最適」の視点をもつことが求められる。

本章では、外部の視点を取り入れるためにどのようなことに留意すべきかについて紹介したい。

社外取締役の役割は、企業価値最大化に向けて成功させること

橘・フクシマ・咲江

橘・フクシマ・咲江（たちばな　ふくしま　さきえ）

G&S Global Advisors Inc. 代表取締役社長
ウシオ電機株式会社　社外取締役
コニカミノルタ株式会社　社外取締役
九州電力株式会社　社外取締役

清泉女子大学卒、ハーバード大学教育学修士、スタンフォード大学経営学修士。ハーバード大学日本語講師、ベイン・アンド・カンパニーのコンサルタントを経て1991年コーン・フェリー・インターナショナル入社。日本支社長、会長を経て、2010年～現職。その間、1995年～アメリカ本社取締役を12年間兼務。2002年～花王株式会社、ソニー株式会社、株式会社ベネッセホールディングス、三菱商事株式会社、株式会社ブリヂストン、味の素株式会社、Ｊ・フロントリテイリング株式会社など日本企業12社の社外取締役を歴任。2008～2017年は日本政策投資銀行アドバイザリー・ボードを務める。日本取締役協会副会長。2011～2015年は経済同友会副代表幹事として、人財のダイバーシティ促進、新しい働き方等に関する委員会の委員長を務める。2008年１月ビジネスウィーク誌「世界で最も影響力のあるヘッドハンター・トップ100人」に唯一の日本人として選ばれる。内閣府、文部科学省、経済産業省で部会委員等を歴任。著書に『人財革命』（祥伝社）ほか多数。グローバル人財・キャリア開発、グローバルな企業統治に関する執筆・講演多数。

〈インタビュー時の役職〉
味の素株式会社　社外取締役
Ｊ・フロントリテイリング株式会社　社外取締役
ウシオ電機株式会社　社外取締役

外部のベンチマークを持ち込む

——社外取締役の存在意義についてどのように考えますか。

フクシマ　私のコーポレートガバナンスに関する実務経験は、一九九五年にアメリカのコーン・フェリー・インターナショナル（以下、ＫＦＩ）本社で取締役に選出されたことから始まりました。二〇〇七年まで一二年間取締役を務めましたが、就任から四年後に同社はＮＹ株式市場に上場し、パートナーシップ制から公開会社となりました。ＮＹ証券取引所で鐘を鳴らしたのは懐かしい思い出です。上場後はＣＥＯと私以外は全員社外取締役となり、そうした移行期の社内取締役を務めたことは、私にとってコーポレートガバナンスの基礎を学ぶとてもよい経験になったと感じています。それは、欧米の大企業のＣＥＯ経験者である社外取締役の方々から、「社内の常識、外の非常識」を指摘され、自社を知るよい機会となったからです。

その経験から、社外取締役の第一の存在意義は、企業価値の最大化に向けて「社内の常識が外の非常識にならないように、外のベンチマークを持ち込むことだ」と考えています。この言葉は、二〇〇二年に、初めて日本企業で社外取締役を務めた、花王の社外取締役への就任時に、当時の後藤卓也社長より「花王の常識が外の非常識にならないようにみてください」といわれたもので、自分の経験からも大変納得感があり、それ以降使わせていただいています。

当時KFIではCEOの継承プランがうまくいかず、創業者が任命したCEOが上場直前に任期途中で退任し、暫定的に金融担当で業界に顔の利く副会長がCEOとなりましたが、上場後すぐに外部人財をリクルートし、新CEOに任命しました。しかし、会社の過去の経緯は知らないため、結果的に私が社外取締役からの質問に答える場面が多くなりました。

たとえば、製造業などと比べるとコンサルティング会社の報酬は高く、七割が成果報酬ですから、稼いでいるコンサルタントなら一億円、二億円の報酬は珍しくないのですが、社外取締役から「コンサルタントの報酬が社員としては高すぎるのではないか」と指摘され、私が「コンサルティング会社の資産は人しかない。もしそのコンサルタントが報酬に不満で競合に移れば、何十億の売上げが競合にもっていかれる」と答えて納得してもらったこともありました。こうした経験は逆に、自社の常識を見直すきっかけになりました。

会社がパートナーシップ制の頃は社内パートナーが会社の「出資者で株主」でしたから、

「会社の金はパートナー（自分）のもの」という意識でしたが、株式会社では当然、株主を意識して取締役会で決定します。社外取締役の方々は、決議の際に「この意思決定を株式市場がどうみるか、株式市場に対してどう発表するか、株式市場からのリアクションへの対応策を考えているか」を問うてきました。つまり、外部の視点でベンチマーク（基準）を持ち込み、それによって自社を見直すことが可能になり、これが私の社外取締役としての原点になっています。

存在意義の二点目は、監督による一貫性（コンシステンシー）の確認です。ＫＦＩでも社内取締役のみの取締役会の頃は、その決定によって影響を受ける人の顔がみえるので判断がぶれがちでした。ところが、社外取締役の方々は純粋に「言行一致（“walk the talk”）か、一致していなければなぜか、その原因は何か、どう解決するのか、何か施策を実行しているなら現状はどうか」を問うてきます。この一貫性を確認するということも私の社外取締役としての指針になっています。

上場後は、取締役を二期（六年）務めて取締役を退任するはずだったのですが、女性やアジア出身者が私一人だったため、当時の新ＣＥＯから「君の大事な会社を、オール・ホワイト・メイルズ（白人男性）に任せてもいいのか」といわれて次の任期も務めることになりました。その次の任期も「次の任期が終わったら全員を社外取締役にするからそれまでは」といわれて、結局、一二年間取締役を務めることになりました。当時はクライアント企業に恵まれ、アジアでいちばんの売上げをあげており、多くの案件を抱えて四時間睡眠で頑張っていましたので、「退任したい」と思っていたのですが、いまでは説得してくれたCEOに感謝しています。それは当時の取締役会が、アメリカの金融機関のCEOや、ヨーロッパの自動車会社会長やその後就任されたテクノロジー系ベンチャーの女性などで構成され、多様な視点からの意見をいただくことができ、大変勉強になったからです。

その間日本でも、委員会設置会社（現在の指名委員会等設置会社に相当）の制度ができ、コーポレートガバナンスコードも導入され、コーポレートガバナンスの見直しが進みました。二〇〇二年の花王の社外取締役就任時に、当時の後藤卓也社長に「なぜ私なのですか」と伺うと、理由として「第一に人財という企業にとって最も大事な分野のプロであること、第二に消費者の目線に立てること、第三にグローバルで活躍していること」をあげられました。それ以降、日本企業一二社の社外取締役を務める機会をいただきました。

昔は、日本ではよく「社外取締役などは、役に立たないから不要だ」といわれていましたが、自分が社内取締役として社外取締役を受け入れた経験から社内の方々の立場もよくわかるものの、「なんともったいないことを」と感じていました。特に日本企業の場合は、欧米のように役員レベルの転職も少ないため、一社で育っている方が多く、外のベンチマークを知る機会が少ないので、社外取締役は、競合や顧客等の外部の視点を有しているため有用です。幸い、最近では社外取締役導入企業が東証一部上場企業のほとんどを占めるとともに、他社の社外取締役を務める日本企業の経営者の方も増え、こうした意見も過去のものとなっています。いまは業界の定義も、競合もあいまいになり、トヨタの競合はグーグルで、それもパートナー関係もあるかもしれないという複雑な世界です。多様な視点を持ち込むのには、業界を超えた視点をもつ社外取締役の指摘は役に立つのではないでしょうか。

多様性をどのように確保するか

――取締役会の多様性を確保することが大事になりますね。

フクシマ　取締役会が有効に機能するには、取締役会の構成が非常に重要です。三〇年以上も前からグローバルには「女性」取締役と業績の関連も指摘され、その登用が進んできましたが、性別や国籍はその人の属性の一つにすぎませんから、私はその一つをカテゴリーとして扱うのは賛成ではありません。二〇年以上にわたって、グローバルリーダーの要件として「多様性を活かせるハイブリッド人財」を提唱してきました。その理由は、現在はLGBTQの時代ですし、「男性は決断力があり、女性は気配りがある」等の男女の特性といわれる傾向も二〇〇〇名以上のさまざまな国のエグゼクティブと仕事をした結果、個人差があり、人物をカテゴリーではなく、多様な個性をもつ「ひとりの人財」としてトータルにみることが大切だと考えるようになったからです。

たとえば、私がKFIで担当したラグジュアリー業界ではゲイの人が活躍していました。男性ですごく感性が豊かで、女性の好みがわかる人が多く、性別で役割を決めつけるのはその人財の可能性を活かせないことになります。私はハーバード大学で日本語を教えていましたが、男子学生のなかには少なくとも二、三名は日本の繊細な文化に関心をもったゲイの人がいて、真面目で優秀かつ気配りのある人が多かったので、一つの個性と考えるようになりました。

多様性促進には、多様性を経験することが大事です。私が経済同友会の副代表幹事を務めた際に、長谷川閑史代表幹事から「ダイバーシティの促進活動をしてほしい」とご依頼いただいたときも、最初は「女性というカテゴリー」に注目することに抵抗感がありました。しかし、日本の女性登用があまりにも進んでいない現状から、〝時限的措置〟として女性の登用促進策を委員会として提案し、ジュニア・リーダーシップ・プログラムというものをつくりました。女性リーダー育成研修ですが、目的の一つとして、男性に「マイノリティの経験をしてもらう」という意図がありました。当時ＩＢＭの北城恪太郎さんが担当してくださり、最初は二十数名の女性のなかに「男性を一人だけ入れよう」との話もありましたが、効率が悪いということで、男性三割、女性七割にしました。これはいまも続いています。ある男性参加者が「ＣＥＯの指示で女性のリーダーの数を増やせといわれているが、自社にシニアな女性がいないので、すべきことが全然わからなかった。このプログラムに参加して女性の優秀さがよくわかり、参考になった。目からウロコでした」といっていました。

取締役会の構成もそうですが、人選にはまずはその役職のミッションに必要なスキルセットや能力に着目して、性別、国籍等に関係なく、そのポジションのミッションに最適な能力や要件をもつ人財を〝適所適財〟で人選し、その次にダイバーシティを考慮するほうがよいと思います。「女性」取締役を探すのではなく、スキルセット優先で人選し、二人候補者がいたら女性を選ぶ。たとえば、最近では弁護士を頼むのに性別で決める人はあまりいないかと思いますが、経営者を経験した女性が圧倒的に少ないという現状があります。しかし、私は七〇代で「女性」取締役第一世代ですが、次の世代が育っているので、ぜひ彼女たちをフルに活用していただきたいと思います。これからどの会社にとっても重要なAI、IoTの領域で起業し、社長として活躍する女性も増えています。こうした社長がIPO（新規株式公開）を経験し、将来よい取締役になるのではと期待しています。

ワーストケースを考えてもらう

――たくさんの会社で社外取締役を経験されて気づいたことはなんでしょうか。

フクシマ　ここ二〇年で、かなり変化がありました。一点目は、取締役会の議論の内容が変化したことです。以前は経営会議の延長線上で、事業報告的な議題や、各店舗やビジネスユニットの詳細な業績報告がありましたが、取締役会評価で「社外取締役としては、各ユニットの詳細な報告より、好調なユニットと問題のあるユニットがどこか、その理由は何か、どう改善する予定かという報告が欲しい」と進言し、変更されたことがあります。それによって、特定のユニットの課題なのか、全社的な課題が隠れているのか、たとえば、「横の連係が悪い」あるいは「企業風土的な課題があるのか」等を判断することができるからです。また、業界全体の課題のこともあります。たとえば、流通業界では店舗からE－コマースへの移行は二〇年前から起こっており、それにどう対応するのかといった将来のビジネスモデルの議論も可能になりました。

二点目は社外取締役の活用に積極的な会社が増えたことです。たとえばある会社では社長がコーポレートガバナンスに熱心な方で、社長のご依頼でエグゼクティブセッション（社外取締役のみで構成される会議）の議長を務めています。毎回、取締役会後に社外取締役のみで集まり、懸念事項を議論し、それを私が要約し、他の社外取締役に確認していただき、懸念事項は社長にお伝えし、時には社長に出席していただいて議論することもあります。KFIでは、いつも取締役会後にCEOと私が部屋から追い出され、エグゼクティブセッションが開催されていましたが、これにより社外取締役同士の忌憚のない意見交換が可能でした。

三点目は、取締役会でも社外取締役と執行役間の議論が活発化したことです。私はよく「ワーストケースのシナリオを考えてほしい」とお願いすることがあります。社内の、特に現場が想定している前提が急に崩れることもあります。今回のコロナがそのよい例で、どの企業でも二月の時点で「年内終息はベストケースで、二、三年続くワーストケースを検討してほしい」とお願いをし、議論をしていました。ワーストケースを想定するのは、KFIの経験から来ています。雇用契約書にサインして明日からクライアントの会社に出社する予定だった方が、お父さまが亡くなって「事業を急きょ継ぐことになった」とか、転職直後に「クライアント企業が突然買収されてしまい、日本から撤退した」というような経験を散々しましたので、常にワーストケースを考えて、コンティンジェンシープラン（緊急時対応計画）を考える必要性を痛感してきました。事前にいくつかの対応策を考えそのプロ・コンを詰めておくだけでも冷静に対応できるので、想定外のワーストケースを検討しておくことは重要だと思います。ある企業では、社内ご出身の議長が厳しい質問を投げかけ、社外・社内問わず、活発に議論しています。

四点目は機関設計が三類型になったり、コーポレートガバナンスコードが導入されたり、社外取締役を設置する会社が増えるなど、会社を取り巻く環境が変化するなかでガバナンスに積極的に取り組む会社が増えたことです。ガバナンスと業績の相関関係が議論されていますが、これからが、「仏つくって魂を入れる」、つまり実効性を評価する段階だと思います。指名委員会等設置会社のように監督機能に徹した機関設計では、社外取締役の人数と業績の相関関係についての議論もあり、社外が過半数ということも必要ですが、私は人数だけでなく、取締役の構成、ポートフォリオのほうが重要だと思っています。「海外や業界の経験領域、スキルセット、社外取締役としての経験、人柄」といった要件でスキルマトリックスをつくり、企業戦略に合致した構成になっているかを確認し、新領域への進出が必要な業界であれば、その領域の経験者を入れることが重要です。ＤＸ活用やグローバル化を今後のビジネスモデルで検討しているのであれば、その経験をもつ人財を入れるということも必要です。最近ではスキルマトリックスの導入が進んでおり、二〇年以上前からそれを提唱してきた人間としては「ようやく」との印象は否めませんが、嬉しく思っています。

五点目は株主総会での株主の方々からの質問の高度化です。二〇一〇年の退任直前のソニーの株主総会で、当時の経営陣の報酬に関する質問があり、私が報酬委員会議長として回答を求められました。その年は、金融庁が一億円以上の役員報酬の個別開示を義務化した最初の年であり、ソニーが初めての株主総会だったことと、当時のストリンガー社長の報酬を「総会で開示するか」に注目が集まっていましたので、グローバルな報酬のあるべき姿も含め丁寧に回答したつもりではいたものの、追加の厳しい質問が来るのではと心配していました。当時はそれ以上質問はなかったのですが、最近の株主総会では、「ストックオプションの計算の際のバリアブルズは何か」等の詳細な質問もあり、株主のほうが細かく研究していることがわかります。

六点目は、変化というよりは私見ですが、社外取締役の最長任期として八年は長すぎる、六年くらいが適切ではないかと考えています。特に激変する世界経済のなかでは、長すぎるとマインドセット（考え方の枠組み）が社内的になってしまう傾向があります。原則を決めたうえで、企業の状況によっては指名委員会の判断で延長可能としておき、社外取締役の継承プランも作成しておくことが重要だと思います。

最後に、私はこうした存在意義を果たすために、社外取締役就任時には会社全体の事業のバリューチェーン（価値連鎖）を理解し、全体像を把握するように努力しています。全体の事業規模と、各事業領域の占める割合、各事業領域の市場での立ち位置、戦略的方向性、今後の市場の可能性といった点は自分なりに整理をしておかなければならないと考えています。これがなかなか難問で、新しい業界では、ある程度理解できるまでに時間がかかりますが、なんとか努力しようと思っています。コンプライアンス上の問題なども、常にフォローをするようにしています。

経営陣との距離感

――経営陣が社外取締役の意見に耳を貸さない場合はどうすればいいでしょうか。

フクシマ　一人ではどうしてもドン・キホーテになり、効果がないので、他の社外取締役を巻き込んで一緒に動く必要があると思います。たとえば、「殿ご乱心」のとき、それを社内で解決できない場合には社外取締役の出番です。社外取締役同士で危機感を共有し、「殿」との信頼関係がある場合には、自分で旗振りをしますが、ないと思う場合には、そういう信頼関係のある社外取締役に動いていただくことで効果があることもあります。他の社外取締役と議論をして方向性をまとめ、そのうえで「突撃」するということではないでしょうか。その点では、後継者プランも含めて、指名に関する領域がいちばんむずかしく、数社で指名委員会や指名諮問委員会の委員長を務めましたが、その成功には（機関設計によって異なりますが）、経営トップがどこまで外部を巻き込み、あるいは任せる意思があるか、また指名委員会がその仕組みづくりと適切な情報共有ができるかが大変重要だと感じています。

――先ほどのエグゼクティブセッションでは、そういった課題も共有しているのですか。

フクシマ　タイミングにもよりますが、そうした継承プランも議論しています。こうした会合では忌憚なく懸念を共有し、対応の仕方も検討できます。エグゼクティブセッションは執行の方たちにとっては「目の上のたんこぶ」的な存在になることもありますが、たとえば、ある企業では、社長からのご依頼なので、自由に議論し、社長には真摯にご対応いただいています。反論も含めて真摯に対応していただくと、議論も活発になり、こちらの対応も真剣になります。

社外取締役は執行側となれあわず、対峙すべき場面では対峙することが役割だと思います。執行からの反論も受けることで、議論が深まりますので、議論できる双方の信頼関係も重要です。会社によっては「ここから先は結構です」といわれることもあり、各会社の風土や、経営者の方針や考えがありますが、企業価値向上という目的は一致していますので、よい議論ができるよう双方が努力することが重要だと思います。

「社外取締役の役割は社長をクビにすることだ」という意見もありますが、私は必ずしもそうだとは思っていません。私のＫＦＩでの経験からも、「選任した社長を成功させるにはどうするか」という視点が重要だと考えています。「一生懸命頑張ったけれども、結局だめだった」という場合には、当然辞めていただくことになりますが、アメリカで頻繁に取締役会が社長を交代させるのをみていて、選任した指名委員会や取締役会側にも任命責任があると考えています。

今後の最適なガバナンス

――社外取締役は株主の代表と考えていいでしょうか。

フクシマ たしかに、社外取締役は株主の代表として企業価値向上に努めることが期待されていますが、かつてのアメリカのような株価のみで評価する株主至上主義は、私のアメリカ本社の経験からは行き過ぎだと考えています。特に日本では経営者はＣＥＯの下にいる従業員、コミュニティ、顧客、取引先などの全部を抱えて、事業を運営し、社会に貢献していくことが「公器」としての会社の使命だと考えています。

株主の権利に関しては、以前は日本企業とアメリカ企業は両極端でした。ビジネススクールでは当時「経営者の責務は株主価値の最大化」であると教えられました。一方、当時日本は極端に株主が尊重されていませんでしたが、いまは両者が近づき、アメリカでも投資家も含めESG（環境、社会、ガバナンス）が強調され、日本の「三方よし」経営も見直されるなど変化し、日本でも株主を意識した経営が唱えられて三〇年くらい経ちます。株主は出資者ですから、「株主からお金を預かり、委任されて経営し、利益を出してリターンを返す」というのは資本主義の鉄則ですし、株主から選任されている社外取締役はその利益代表であることは当然ですが、株価も含めた企業価値の向上を図ることが必要だと考えています。今後グローバルに経営する会社にとって最適なガバナンスの検討が続きますが、各企業が「企業価値向上の基本である業績向上を可能にする自社に最適なガバナンス」を模索していくことが重要だと思います。

社外取締役は、株主、そして社会の代表として、その視点を経営に反映させる。機関設計を委員会型に変えることが企業の成長につながる

榊原　定征

榊原　定征（さかきばら　さだゆき）

関西電力株式会社　取締役会長
日本電信電話株式会社　社外取締役
株式会社シマノ　社外取締役
株式会社ニトリホールディングス　社外取締役

1967年東洋レーヨン株式会社（現東レ株式会社）入社、2002年同社代表取締役社長、2010年同社代表取締役取締役会長就任。2014年東洋レーヨン株式会社取締役会長、2015年同社相談役最高顧問、2017年同社相談役、2018年同社特別顧問を歴任。株式会社商船三井、株式会社日立製作所の社外取締役を歴任。2012年～日本電信電話株式会社社外取締役（現任）、2019年～株式会社シマノ社外取締役（現任）、株式会社ニトリホールディングス社外取締役（現任）、2019年～株式会社産業革新投資機構社外取締役（現任）、2020年～関西電力株式会社取締役会長（現任）。名古屋大学経営協議会委員、日本化学繊維協会会長、総合科学技術会議議員、日・タイ経済協力協会（JTECS）会長、産業競争力懇談会（COCN）代表幹事、経済産業省「総合資源エネルギー調査会」会長、産業競争力会議議員、日本化学会会長、日本経済団体連合会会長、同省「産業構造審議会」会長、経済財政諮問会議議員などを歴任。2025年国際博覧会担当大使（現任）、財務省「財政制度等審議会」会長（現任）、日本経済団体連合会名誉会長（現任）

〈インタビュー時の役職〉
日本経済団体連合会　名誉会長
日本電信電話株式会社　社外取締役
株式会社シマノ　社外取締役
株式会社ニトリホールディングス　社外取締役

成長戦略としてのコーポレートガバナンス改革

――日本のコーポレートガバナンスの状況をどのようにみていますか。

榊原 経団連会長時代、経済財政諮問会議の経済界代表の議員として、安倍晋三総理大臣（当時）のもとで日本再興戦略を策定しました。そのなかの重要な課題の一つがコーポレートガバナンス改革です。成長戦略の一環として同改革を位置づけ、コーポレートガバナンスコードや各種ガイドラインがつくられました。

日本企業は頑張っていますが、各種経営指標を比較すると、明らかに日本企業のＲＯＥやＲＯＩは欧米企業に比べて低い。また、ダイナミックな経営の動きがない。積極的な投資、Ｍ＆Ａ、大きな機構改革などの動きがみられません。それは失われた二〇年間で経営者が非常に慎重になっていることもありますが、コーポレートガバナンスの問題が大きく影響しているというのが私の問題意識です。

二〇年前の東証上場企業約三六〇〇社はほとんどが監査役会設置会社だったと思いますが、いまは、監査役会設置会社は七割くらいで、監査等委員会設置会社は二七～二八％、指名委員会等設置会社は二％くらいと、委員会型の会社へと移行が進んできています。また、社外取締役を二人以上にすべきとコーポレートガバナンスコードで原則が示され、現時点で二人以上の独立社外取締役がいる東証上場企業は七六％、平均二・五人まで来ています。

このように形式は整えられつつありますが、実質が伴っている会社と伴っていない会社があります。実質が伴っていないというのは、社外取締役の関心事がコンプライアンスに偏っていて、成長戦略という本来の役割に踏み込むことができていないのではないかという意味です。

私は東レの後、経団連会長という立場でいろいろな会社をみてきましたし、いくつかの会社の社外取締役も経験してきましたが、機関設計を昔風の監査役会設置会社から監査等委員会設置会社や指名委員会等設置会社に移行していくことが、成長戦略やよりダイナミックな経営につながることを実感しています。法律で決めてしまうことはできませんが、その方向に誘導していくことは非常に大事です。

私が東レの社長だった時代、ほとんどの会社が監査役会設置会社でした。会社の監査は、監査部、監査役、取締役会によるものが主でした。監査部は帳簿を棚卸などでチェックします。監査役は、それをみながら、経営者がコンプライアンスにもとることをしていないか、間違いがないかを監査する。取締役会は経営の中身を監査します。

最後の経営の監査がいちばん大事なところですが、私の時代には三〇人くらいいた取締役はみんな仲間なのです。また、執行のトップであるＣＥＯ、社長がすべての権限、人事権と報酬権をもっており、議長として取締役会を差配しています。これでは経営監査なんかできるはずがない。どんなことでも社長がいったらおしまいです。

本来の経営監査とは、経営の意思決定が株主利益にベストフィットしているか、成長戦略上最もよい方法か、社会貢献をきちんとしているか、ＥＳＧに適合しているか、ＳＤＧｓを意識しているかをチェックし、社長の提案がそこから外れていたら「それは違います」ということです。

そうした議論がなされていないことが欧米企業との経営指標の差につながっているのではないでしょうか。私が関与していたある欧米企業の取締役会は、社長とＣＦＯだけが社内出身者で、後はすべて社外取締役です。社長は提案にあたってありとあらゆる勉強をして、社外取締役との侃々諤々の議論に備えます。

独立社外取締役が取締役会の三分の一以上を占めるべき

——ご指摘のように日本の社外取締役は形式を整えただけで実質が伴っていないという批判もあります。

榊原　私はある大手エレクトロニクス企業の社外取締役を五年間務めましたが、同社のガバナンスは年々進化して、いまは指名委員会等設置会社になり、議長も社外取締役にかわりました。会長はいますが、議事の進行は社外取締役が行っています。社内の取締役は会長、社長、ＣＦＯの三人で、後は全部社外取締役です。しかも、一一人いる取締役の半分くらいが外国人です。

ですから、侃々諤々の議論で社長が出した議案を否決したこともあるし、社長の人事も社外取締役が過半数を占める指名委員会が決めて、取締役会で報告するかたちです。外国人の取締役で、グローバル企業のＣＥＯ経験者が二人いますが、投資案件以外にも、なぜもっとこうしないのだとか、なぜこの事業をいつまでも続けているのだとか、ものすごく厳しい指摘をしています。

同社はいま、非常にダイナミックな事業運営をしていますが、それは社外取締役がいろいろな経験、バックグラウンドの持ち主で、本当の意味での経営の議論がなされているからです。このような会社と、二〇人の取締役がいて、社長がすべての人事を決める会社を比較して、どちらがダイナミックな経営ができるかと考えると、答えは明らかです。

東証のコーポレートガバナンスコードでは独立社外取締役二名以上を推奨していますが、少なくとも三分の一以上というように徐々にバージョンアップしていくべきです。

ワンマン社長で非常にうまくいっている会社ももちろんあります。社長には権限と情報が集中しますから、三年もしたら社長にかなう人材はいなくなり、絶対的な力をもつようになります。五年、一〇年したら、神様のような存在です。社長と副社長の差は副社長と一般社員の差よりも大きいといわれています。

問題は、後継者が育たないことです。ワンマン社長がいるから育たないのです。指名委員会等設置会社であれば、社外取締役が主導して、後継者を準備したり、社長をかえたりすることができます。

同社の指名委員会では、サクセッションプラン（後継者育成計画）をつくって、一〇〇人くらいの母数から社長候補者をだんだんと絞り込んでいきます。私が社外取締役を辞めるときには一〇人くらいに絞られていました。そうやって、いつでも社長のバックアップができる状態にしておき、しかもそれを随時見直します。

具体的には五〇代、四〇代、その次の世代の人を社長候補者としてロングリストにあげ、面接で徐々に候補者数を絞っていきます。そして、指名委員会が社長交代の時期が来たと判断したら、次期社長を決めて取締役会に報告します。これによって、経営の健全性が保たれます。

――日本企業の研究開発や人材投資の金額は欧米に比べて大きく劣っています。そこで、社外取締役が果たす役割を教えてください。

榊原　失われた二〇年の厳しい経験をしている人たちには、内部留保を手厚くもちたいという意識が染みついています。ところが、いまはそういう時期ではない、手厚い内部留保がなくても、外部からお金を借りることができます。しかし、経営者はいまだにDEレシオ（負債資本倍率）が大事だというのです。DEレシオは、金利が高い時代には大事な指標でしたが、いまは金利が安くて、何年かのうちに金利がどんどん上がるという時代ではなくなっています。DEレシオを下げて喜んでいるのではなくて、思い切って成長戦略に投資すべき時期です。私はそれを一貫して言い続けています。政府も内部留保を減らしてリスクをとるという大きな方向性を示すべきです。

――任意の指名委員会、報酬委員会をもつことについてはどのように評価しますか。

榊原　それもいいと思います。社長の裁量で次期社長が決まるのでは、それが会社のベストインタレスト（最善の利益）に沿った経営判断なのかという客観性が担保されません。指名委員会の第三者の目があると、すごく客観的にみられて、場合によっては、これから会社が目指す方向からすれば社内人材よりも社外のほうがいいとか、海外の人のほうがいいということになりうる。実際にある会社ではそういう議論もしたことがあります。それはやはり、独立社外取締役が入った指名委員会でないとできない議論です。そういう意味で、指名委員会は任意でもいいので置くべきです。本当は指名委員会等設置会社になって正式な権限をもつのがベストですが、任意でもあるとないとでは大違いです。その方向を目指すように誘導してもらいたいと思います。

株主の代表として意見をいうのが使命

――社外取締役は会社のステークホルダーのうち誰の利益を重視すべきでしょうか。

榊原　去年の八月にアメリカの主要企業の経営者をメンバーとするビジネス・ラウンドテーブルという団体に所属するＪＰモルガンのジェイミー・ダイモンＣＥＯが、アメリカの企業経営は株主の利益だけでなく、従業員や地域社会、それからＥＳＧなども考えないといけないという声明を出しました。ブラックロックのラリー・フィンクＣＥＯも五、六年前から「投資家として、私は短期的な経営よりも長期的な経営を求めます」と発言するようになりました。

これは、日本がずっといってきたことです。私が東レの社長のとき、ＩＲでアメリカやイギリスに行くと、お前は何をいちばん大事にするのかと聞かれました。私たちのステークホルダーは四つある。株主、従業員、お客さま、それから地域社会が大事だというと、いやいや株主が大事だと主張されました。その後、ＥＳＧやＳＤＧｓという言葉も出てきて、アメリカも株主一辺倒から社会貢献も含めたガバナンスに変わってきています。

一方、日本企業はずっと経営を株主の厳しい目でみていなかったので、生産性の低さ、成長の遅さ、ダイナミックな経営の欠如を招きました。そういう意味では、従業員、お客さま、地域社会が大事なのは当たり前ですが、もっと株主目線をもたなければいけない。そのために社外取締役は、株主の代表として意見をいうこと、それを経営に反映させていくことが必要です。

社外取締役の意見が企業経営に反映されるためには、取締役が二〇人もいて社外取締役が二人だけというのではだめで、せいぜい一〇人くらいの取締役会で、独立社外取締役ができれば半数以上必要です。そして、社外取締役のバックグラウンドは、グローバルなビジネス経験をもった人、法律の専門家、女性などダイバーシティが必要です。そうすれば、経営の議論がすごくビビッドになるし、社会の声も反映できる。

いまでも社外取締役に会社の何がわかるのかという人がいますが、それは暴言であり、技術や競争環境の細かいことを知らなくとも、ビジネスの共通事項をふまえれば、何が本当に成長戦略上いちばんいいのかはすぐわかります。取締役の人数はせいぜい一二、一三人以内で、多様なバックグラウンドの方が議論に参画すれば、経営の判断の質は圧倒的に高くなります。

――社外取締役に要求される資質についてどのように考えますか。

榊原　社外取締役を選ぶときに、政府や東証が示す基準もあるから二人入れないと仕方ないが、できるだけ経営に批判的なことをいわない人を入れておこうとする社長がいます。また、大学の同級生から社外取締役を頼まれたので、月一回、黙って座っている人もいます。

しかし、それでは社外取締役として会社の成長戦略に重要な寄与をするという責任を果たしていません。社外取締役は株主の代表で、株主の目線で経営を監督する責任がある。

やはり、株主の代表として意見をいうのが自分の責任、ミッション（使命）だということを自覚するのがいちばん大事です。社長に睨まれても、勇気をもって発言しなければなりません。取締役会は会社の意思決定機関として、本当は社長より上にあるのです。

社長（CEO）が取締役会議長になるのは避けるべき

――社外取締役の職務を果たすために会社に何かを要求したことがありますか。

榊原　会社の事業を利益が出ている順番で並べてみてくださいといったことがあります。そうすると、なぜこんな事業をいつまでも続けているのかという疑問がわきます。社内の人は、これは昔からとか、前の社長が始めたことなのでとか、開発期は赤字でもいいとか、人を二〇〇〇人も雇っていますとかいいますが、そうした理由だけであれば、その事業は切り離すことを検討すべきです。

社内の人はしがらみがあるので、そういうことは社外取締役の人しかいえません。また、私はメーカー出身ですが、メーカーで常識のことが別の業態だと全然常識ではないことがたくさんあります。ある航空会社の経営諮問委員会に参加したことがありますが、コストの考え方が違うので、コスト削減の考え方を提言しました。それは役に立ったと思います。異業種の経験があるからできることです。

――社外取締役だけで情報交換することはありますか。

榊原　それはすごく大事です。いま私が行っている会社では三カ月に一回ないし半年に一回は、社外取締役だけの会合を開いています。そうするとまったく違う意見が出てきて、おもしろいです。また、いまの社長のままで大丈夫かという話は社長がいる場ではできませんので、その点からも社外取締役だけの会合はすごく大事です。

――CEOとのコミュニケーションはどのようにとっていますか。

榊原　CEOと私の一対一で話す場は、随時設定しています。一緒に食事をすることもあるし、取締役会終了後に三〇分時間がほしいといえば、CEOの方は必ず応じてくれます。あの投資案件はもっと詰めたほうがいいとか、具体的な人事の話、たとえば、あの役員はかえたほうがいいのではないかという話をすることもあります。それを決めるのはもちろん社長ですが、平場ではなく一対一で話し合う場は大事です。

――社外取締役は執行陣に対して、太陽政策で臨むべきでしょうか、北風政策で臨むべきでしょうか。

榊原　太陽と北風、両方ある程度必要だと思います。背中を押してあげることは必要だが、嫌なこともいわなければいけません。

――社外取締役の在任期間についてどう考えますか。イギリスでは最長九年という制限があります。

榊原　ある程度の制限は必要です。ある会社で社外取締役を一九年務めている人がいたので、それだけ長く会社にいたら社外ではないといって、辞めてもらったことがあります。まあ最長でも一〇年くらいでしょうね。そういうことも、どこまで強制性をもたせるかは問題ですが、ガイドラインがあってもいいのではないかと思います。

――社長や会長は取締役会議長になるべきではないと思いますか。

榊原　私はなるべきではないと思います。社長や会長は執行側の人間です。議長は、議題の選定、議事進行、意見の求め方まで全部決めるのです。自分の提案した案件を自分が議長として決めるのでは、やはり客観性が下がります。だから、議長は社外取締役が務めるほうがよいと思います。

執行役制度を採用して、会長は執行役ではなく、監督に専念するとすれば、会長が取締役会議長になることも許容できると思いますが、やはり会長はもともと社内の人間ですので、いちばんいいのは社外取締役が議長になることです。少なくとも、執行と監督は分離することが絶対に必要です。執行側のトップである社長（ＣＥＯ）が議長をするのは絶対に避けるべきです。

――社外取締役が直接投資家と対話することをどう思いますか。

榊原　私はしたことがありますが、あったほうがいいと思います。私のような経歴の人はだいたい投資家の関心事はわかるのですが、そうでない人もいますから、株主の代表であることを認識してもらうためにも、そういう場をつくるほうがいいでしょう。私は日産のガバナンス改善特別委員会の共同委員長を務めましたが、同社のコーポレートガバナンス体制をつくるときに、国内だけでなく海外の投資家も含めてガバナンスの体制はどうあるべきか、投資家の立場でみたガバナンスの体制はどうあるべきかを相当ヒアリングしました。

企業価値を高めるべく、使命感に基づき、経営を監督する

斉藤　惇

斉藤　惇（さいとう　あつし）

1963年野村證券株式会社（現野村ホールディングス株式会社）入社、公社債部長などを経て1986年同社取締役就任。常務取締役、専務取締役を経て、1995年野村證券株式会社代表取締役副社長就任。スミセイ投資顧問株式会社顧問、住友ライフ・インベストメント株式会社（現三井住友DSアセットマネジメント株式会社）代表取締役社長、会長を歴任。株式会社産業再生機構代表取締役社長、株式会社東京証券取引所代表取締役社長、株式会社東京証券取引所グループ取締役兼代表執行役社長を経て、2013年株式会社日本取引所グループ取締役兼代表執行役グループCEO就任。世界取引所連合ボードメンバー、株式会社KKRジャパン会長、アスクル株式会社社外取締役、コーポレート・ガバナンス・オブ・ザ・イヤー®2018審査委員長を歴任。ビジネス・ブレークスルー大学大学院教授（現任）、日本プロフェッショナル野球組織第14代コミッショナー（現任）、株式会社KKRジャパンKKR Global Institute シニアフェロー（現任）。

〈インタビュー時の役職〉
EY新日本有限責任監査法人　社外評議員
ボストン・コンサルティング　シニア・アドバイザー

アメリカでみたコーポレートガバナンス

――日本では政府が旗を振るかたちでコーポレートガバナンス改革を進めています。

斉藤　私はかねてから、日本にコーポレートガバナンスを導入しなければいけないと考えていました。一九七四年にアメリカに行ったとき、アメリカはベトナム戦争に負けて瀕死の状態でした。日本がいまの中国みたいな状態で、どんどん成長していく。いまの中国と同じように、日本がアメリカの技術を盗んだという疑惑をもたれ、日立製作所の社員が空港で捕まるという事件もありました。日本の株価はどんどん上がっていくのに、アメリカの株価は上がらずアメリカの将来は非常に暗い、年金はどうなるのかと大問題になった。

いま考えるとアメリカの問題のとらえ方はすごいのですが、当時はあまり本質的な論議ではなくて、年金が破滅したらアメリカの国民が大変なことになるという風潮だったと思います。実際、いまみたいなルールがないので、年金はイケイケドンドン的な運用をして、事件もたくさん起きていた。そこで、カーター大統領（当時）とフォード大統領（当時）が、運用者に対して非常に厳しい運用責任を課す立法（ＥＲＩＳＡ法）を行いました。その際のキーワードがフィデューシャリー・デューティーです。

アメリカの場合、民間は立法の議論をしている段階で準備しないと間に合わない。法律が議会を通って大統領がサインした途端に執行されるので、違反したら本当に翌日捕まることだって起こりうるのです。ＥＲＩＳＡ法にも罰則がついていました。そのため、たとえば、昔はモルガンスタンレーの運用グループも証券会社も投資銀行もダウンタウンの一つの場所に入っていたのですが、ある日私が営業に行ったら運用部隊がいなくなっていました。運用部隊はミッドタウンの９Ｗというビルに移ったということでした。なんでそんなことをしたのかと聞くと、今度の法律で運用部隊はほかの部門から完全に独立しなければならないことになったからだといっていました。

一方、大学の先生の年金運用のカレッジリタイアメントファンドとか、カルパース（カリフォルニア州職員退職年金基金）みたいな公務員の年金を運用している人たちが、自分たちが株を売り買いすると市場に大きな影響を与えて自分の首を締めることになるので、それをどうやって除くか、数学的に研究していました。そこで、株を売るのではなく、保有している会社をよくすればいいということで、会社に圧力をかけ始めるのです。そこから、ＧＭの社長が株主総会でクビを切られる有名な事件が起きます。プラザ合意、日米構造協議という仕掛けで日本が完全にやられる過程のなかで、アメリカにおける株主による企業統治という枠組みが素晴らしく効いてくるのです。

カルパースは上場企業に対して経営改善の圧力をかける一方で、同じ西海岸にいてまだ学生だったビル・ゲイツらに資金を提供しました。当時、年金基金は上場有価証券しか運用してはいけないルールだったのですが、運用責任を強化するなら運用の制限を緩和しろといって、一定比率まではベンチャー的な株にも投資していいことになりました。スティーブ・ジョブスなどが現れたのもその頃です。次から次へとＩＴベンチャーが現れて、年金基金がそこに資金を入れるのです。そうした会社は株式を上場して、すごい勢いで成長していきました。

私は一九九四年の春にＣＢＣＣ（海外事業活動関連協議会、会長は盛田昭夫さん）のコーポレートガバナンス専門部会長としてソニーや日立製作所など数社の方々と一緒に、アメリカのボーイングをはじめ一六社の株主総会を見学し、ステークホルダースという雑誌にレポートを書きました。アメリカと日本はその少し後の一九九四、一九九五年までに完全に差がついたと思います。それをみていたから、私はコーポレートガバナンスの重要性を一九九七年に商事法務に書いたりしていたのです。自民党が野党の頃に、最高幹部の方々と食事をしていて何かテーマはないかという話になった際に私がコーポレートガバナンスの話をすると、自民党内部で塩崎恭久衆議院議員が私と同様のことをいっておられるとのことでした。その後自民党のマニフェストに企業統治が政策テーマとして入っていました。

しかし、経済界からの抵抗は相当ありました。亡くなられた米倉弘昌さん（住友化学工業、二〇一〇〜二〇一四年経団連会長）にも「斉藤君、何をしているのだ、アメリカの真似をしてもだめだ」といわれました。御手洗冨士夫さん（キヤノン、二〇〇六〜二〇一〇年経団連会長）にも、「あまり金融庁を焚きつけるなよ」といわれました。皆さんは会社の外部の人に会社のことはわからないという主張でした。そういう状況でスタートしたので、当時は社外取締役の必要性をいっても納得されませんでした。

倫理観の必要性

――社外取締役の存在意義をどのように認識していますか。

斉藤　私は産業再生機構で、再生が必要になった会社を一一〇社くらい調べました。いずれも経営者が会社を私物化していたり、サラリーマン集団のなれあいになっていたりしていました。創業時にはあったであろう企業としての理想はなくなってしまっていました。サイロ化（部門の孤立化）が進んでいて、会社全体をどうするかとか、社会にどう貢献するかという使命感をほとんどもっていない。役職員にとっては会社がすみかになっていて、周りがいいというならそれでいい、以前からの会社のルールに従っていればそれでいいという意識になっていたのです。

そこに第三者の立場からメスを入れるのが社外取締役の使命だと思います。その原動力はモラル、使命感しかありません。個人的に金を儲けようとか、定年で仕事がないからという理由で社外取締役になる人はだめです。要するに、食うために社外取締役をするのではない。アメリカでも社外取締役はだんだん名誉職になってきています。経済的に余裕がある人でないと名誉職は受けられない。役所や会社を辞めて、年金があって生活には困らないから社会のために何かしようかとか、弁護士をしていて、ほかの仕事もしているけど余裕のある時間はこっちに使おうとか、そういう気持ちの人たちでないとだめなのです。

また、日本ではほとんどの会社で社長が社外取締役を決めている。以前はアメリカでも、社外取締役は社長の友達が多かったようです。エンロンはテキサス州立大学の学長が社外取締役をしていて、同大学に多額の寄付をしていました。社長が社外取締役を選ぶのは仕方がないとしても、しかるべき調査機関に依頼して、第三者的にきちんとものがいえる人を選ぶ必要があるのではないでしょうか。社長の仲間であっても、「私は社会的責任があるので、あなた個人よりも組織を守らなければいけない」といえる人でなければならない。社長のほうも、自分に対して常にサポーティブでないかもしれない人に、ぜひ来てくださいといえなければならない。日本の場合、まず、ここに問題があるのです。

――立派な経営者には、立派な社外取締役が組み合わさっていい方向へ進む。そうでないところをどうしたらいいですか。

斉藤　アメリカでは、ヨーロッパも同じだと思いますが、宗教的な倫理観が会社経営においてもバックボーンになっているように感じます。いまは移民によって宗教が壊れているので、社会がガタガタしていますが、基本的な死生観を共有しているということが、いざというときに頼ることのできる倫理になるのです。アメリカでは、会社は公器であり、社会のためにあるという意識が強いと思います。

私は産業再生機構にいたときに、利益を出さない会社は社会のコストになっているといいました。だから、利益は出さないといけない。日本で利益を出さないとだめだというと、品がないと思われる節もありますが、アメリカでは正当な利益を出すのは社会的使命、あるいは神様の問いかけに対して正当な答えを出している証だという信念があります。したがって、会社がおかしくなって利益を出せないようになる前に、誰かみてくれ、アドバイスが欲しいという気持ちに社長がなるのです。日本でもそういう考えをもっている人たちでないと、本来はＣＥＯとか社長にはなるべきではありません。

一定の種類の経営の失敗に対して厳しい刑罰を課すことも必要です。アメリカはここが非常に厳しくて、私がアメリカにいた頃もいろいろとスキャンダルがあり、何百人も経営者が捕まって刑務所に入りました。アメリカでは罪状に応じて刑期が足されていきますから、ほとんど終身刑みたいな人もいます。私の知人も何人か刑務所に入りました。刑務所から途中で出てくる人もいますが、金融界からは永久追放されるルールがあります。会社を私物化することに対して社会が非常に厳しい。そこには倫理観が働いています。

鳥瞰的にみつつも、会社を深く知る

――社外取締役は会社の経営にどこまで関与すべきでしょうか。

斉藤　社外取締役は第三者的でオブジェクティブ（客観的）な意見を求められているのだから、会社の経営のことを詳しく知らなくていいという意見の方もいます。だけど、それは間違いです。オブジェクティブでいいけれど、会社のことを深く知ったうえのオブジェクティブでなければなりません。株主代表訴訟とまでいうと行き過ぎかもしれませんが、自らの社会的な使命だと思って会社のなかをよくみれば、世の中とずれている業界の実態、反社会的な行動、商品の問題点などがわかってきます。たとえば、日本を離れ、現地の企業経営を経験してきたような人がドメスティックな商売をしている会社をみると、世界の潮流とずれていることを発見することができます。

もっとも、会社がそういう意見を欲していないとだめです。イトーヨーカ堂の伊藤雅俊名誉会長とは年に何回か食事をしていましたが、伊藤さんはわれわれのいうことを本当によく聞かれました。それがダイエーとはまったく違っていました。技術や市場は常に変化しているので、会社がいつまでも先端にいるというのはなかなかできません。常に脱皮していかなければなりませんが、自分を否定しないと脱皮はできないのです。そこに共鳴できる独立社外取締役を迎え入れたら、本当に会社が変わって、社会的使命を満たし、人間的にも満たされる。ＣＥＯのポジションにしがみつくのは最低です。ＣＥＯが機関車のように率いることで会社は動いていきます。機関車が動かなくなれば、ＣＥＯの取替えが必要です。それをきちんといえる独立した指名委員にならないといけないのです。

ＣＥＯの任期が短ければ、ＣＥＯ交代のチャンスがそれだけ増えますが、常に自分が脱皮できる人であれば、ＣＥＯを一〇年務めてもいい。オーナー社長はものすごく責任感をもっていて、長期でみて、大きな投資を決断しますが、それと同時に常にリスクを慎重に計算しています。日本電産の永守重信さんや、ソフトバンクの孫正義さんのように、株式市場でいいパフォーマンスを出しているところでサラリーマン社長の会社は少なく、逆に株価が上がらないのは、サラリーマン社長の大会社が多いですね。

サラリーマン社長でも日立製作所の川村隆さんは、八〇〇社を超えるグループ会社を四割減の五〇〇社にするという本当に素晴らしいチャレンジをしました。彼は一度本社を辞めてグループ子会社に行きました。そして、親会社を外からみていて、いかにスピードがないか、サイロ化が邪魔をしているかを感じたのです。彼の話によれば自身は親会社に戻ることはないと思っていたのですが、結局、社長として親会社に戻りました。

いまの日立製作所は外国人の社外取締役を入れて、自らを厳しく律しています。ライバルだと思っていたドイツのシーメンスに大きく水をあけられて、悔しい思いをしているからでしょう。シーメンスはM&Aに兆円単位の投資をしてIoTに特化し、第四次産業革命の世界に進もうとしている。日立製作所はそれをみて、社外取締役の必要性を痛感したのではないでしょうか。私としては、社外取締役に会社のなかをみる時間を与え、しっかりみてもらったうえで厳しい意見をもらうというかたちになることを願っています。

したがって、私の経験では、社外取締役の掛け持ちは三社くらいが限度で、最大四社できるかできないかです。普通は月一回の取締役会で執行役の説明に対し、一つか二つの質問をして終わりでしょう。会社側も社内略語を使ったりして、懐疑的な見方をすると、社外取締役にわからないように説明しているようにさえみえる。略語の意味を聞くと、面倒くさいなみたいな顔をされる。だいたい第三者が来ているのに、社内で使っている略語で説明させる社長がおかしい。自分が社外取締役をやっていたアスクルでも幹部役員に「だめだよ、君」といったことがある。書いて説明してくださいというと、答えが来るまでに一〇人くらいの人を回ります。

大田弘子政策研究大学院大学特別教授は、社外取締役を務めている会社の商売を知るために店頭まで行ったといっていました。真剣にやろうとすると、それくらいしないとわからない。御手洗冨士夫さんのいうとおり、社外の人には社内のことはわからないのです。わからないのに話しているから、この人には質問もできないからこの程度の説明で十分だと足元をみられるわけです。本当は、この会社はどこで利益を出しているのか、顧客や消費者はどういう人で、商品のどこにメリットを感じているのか、どこにコストをかけるのかなどを最初の一年くらいかけて徹底的に勉強しないとだめです。そういう気迫がある人でないと、社外取締役をしてはいけない。社外取締役をやること自体が無責任とすら思います。

社外取締役の地位の独立性

――二〇一九年まで社外取締役をされていたアスクルでは、株主総会で多数派を占めた大株主のヤフーとプラスから、当時社長だった岩田彰一郎さんと一緒に取締役への再任を拒否されましたが。

斉藤　社外取締役を引き受けたきっかけは、岩田さんから「われわれは紙をかなり消費しているので、社員がインドネシアで植林をしています」と聞いて、実際に会社を見に行ったことです。いまは地震で被災して本社が移転しましたが、当時は倉庫のようなフラットオフィスで社長室がなくて敷居だけ置いてあり、社内には行き来しやすいように橋が真ん中にありまして、ホットドッグか何かを職場のフロアで買えました。なかなか面白い会社で、これはクリエイティブだなと思いました。

ヤフーが岩田さんのクビを取りに来たこと自体は株主としての行為として非難はできないかもしれません。私は岩田さんに独立社外取締役の戸田一雄さん（斉藤氏とともに取締役選任を否決される）という元パナソニックの副社長と一緒に、本当に厳しく、いまのままでは問題があるといっていました。毎月赤字が続いていたからです。しかし、ヤフーから来ている役員さんは何もいいませんでした。

ヤフーは「これではアスクルはアマゾンに勝てない」というけど、岩田さんははっきりしていて、アマゾンと争うつもりはなかったと思います。岩田さんの思想は極端な一言でいえば買い物に行けないおじいさん、おばあさんに医薬品や食料品や日用品を届けたいという思いでやっていたと思います。対して、ヤフーのほうは目先儲けたいという一心なので、かなりあわなかったんですよ。だから、これはどうなるんだろうなとは思っていましたね。私と戸田さんはそのビジネスをやっている吉岡晃さん（アスクル代表取締役として選任される）に厳しく注文をつけていましたから、うるさい社外取締役が来たなと思われていたかもしれません。

アスクルの取締役会には指名委員会もあって、ソフトバンクグループに近い弁護士さんが指名委員になっていましたが、彼がどのような立場で行動しているのか、よくわからないところがありました。株主総会の練習をしたのですが、会場の拍手だけで議案を処理しようとするものだから、「一言、ほかにも電子投票や書面投票で多数の賛成をいただいておりますといった言葉がいるのではないですか」といったら、「斉藤さん、それいらないんだ」と答えるわけですよ。ヤフーの持ち株が四五％くらいあって、この間亡くなった今泉公二さんがいたプラスの持ち株を足すと五六％以上になるわけで、少数株主は彼の眼中になかったのです。

私はヤフーのＣＥＯには会っていませんが、ヤフーから来ていた役員に「今回のアスクルへの対応について君はヤフーの少数株主にはなんていっているんだ」と聞きました。彼は

「もうこの件は終わりました」というだけでした。やり方が暴力的でしたね。数さえあれば何でもやれるという思い込みです。この件で学んだことは独立社外取締役を監査役のように二、三年は解任できないようにするか、マジョリティ・オブ・マイノリティのルール（M＆Aの際に、買収者と利害関係を共通にしない一般株主が保有する株の過半数の賛成を条件とすること）を導入して少数株主の意見に目を向けさせることが必要だと思います。スクイーズアウトをかけて少数株主から株を買い取り、上場を廃止するのであれば別ですが、そういうこともしないと上場子会社の親会社は少数株主のお金を使って上場子会社を好きなように支配できることになります。

それでは株式会社としてのルールが崩壊していく。それにアスクルでは、指名委員会では全会一致で現体制のまま行くことを機関決定していたのに、親会社のヤフーがそれをひっくり返しにきたんですから。表面的には法律に抵触していないとしても、企業ルールを自分たちの都合のいいように悪用したという典型的な例になるのではないでしょうか。日本の資本市場をブラッシュアップするためにも、本件をきちんと検証して、両方の意見を入れながら制度的な議論をすべきだと思います。

アクティビストとショートターミズム

――アクティビスト（物いう株主）のショートターミズム（短期志向）をどう考えますか。

斉藤　アメリカではアクティビストの質もだいぶよくなってきています。サード・ポイントのダニエル・ローブとも話をしますし、キング・ストリート・キャピタル・マネジメントの人たちも知っています。彼らがいまアメリカでは年金と一緒に動いていて非常にパワーがある。年金の運用者は投資先の会社が彼らの意見を聞くと、会社のバリューが上がって自分たちのパフォーマンスも上がると考えているようです。

アクティビストに対するショートターミズムという批判は、企業側の説明能力の問題ではないでしょうか。彼らは自分たちの投資がいかにビジョンとエクスペクテーション（期待値）によって、時間に応じて改善するかを計算する計算式をもっています。私はソニーに対するサード・ポイントの見方が本当に正しいのか疑問をもっていますが、彼らにビジネスモデルをこういうふうに変えていったらいいというビジョンがあるのはたしかだと思います。

ファンドの目的はとにかく儲けることにあるわけで、ＫＫＲ（コールバーグ・クラビス・アンド・ロバーツ）も最初はハイエナといわれたのです。数年経ってアメリカの新聞の社説に、ＫＫＲが以前事業再生した対処方法について「ＫＫＲが事業をカーブアウトして一部の従業員の削減をしなかったら全従業員が失業していた、いまは削減した従業員の数以上に新規に従業員を採用している、ＫＫＲのやったことは正しかった」という記事が載り、非常に感銘を受けました。アメリカの見方が変わったのです。ヘンリー・Ｒ・クラビスたちのほうも人を大事にしろとか環境を大事にしろとか、主張する内容も大きく変わってきています。

アメリカの経営モデルでは成長事業をしっかり集中的に伸ばしていくのが正しいとされるのに対して、日本の場合はどうしても事業ポートフォリオの範囲が広くなる。これはモノの考え方が違っているからです。西洋人のビジネスをみていると、緊張感がものすごくある。彼らからみると、たとえば大学受験で私学をたくさん受けて、国立も一つ受けるというようなビジネスモデルはやはりだめなのです。彼らからみると、それは信念も能力もないのです。リスクをとってチャレンジするのがビジネスだからです。しかし、当たればリターンは大きいけれど、失敗する場合もあるわけです。

アメリカの会社は次の職場のない人を放り出すし、病院も医療費を払えない患者を放り出すといわれます。そういうところを日本人は本質的にもっていない。どちらが正しいかは簡単には断じられませんが、少なくともアクティビストが「この事業はほかの事業に比べると成長が遅い。将来どうなるのかを説明をしてください」「いまの状態があと数年続くのなら、この事業は外に出して、成長している事業にお金を使ったほうがいいのではないか」というときには、相当深くその会社を分析しています。

しかも、彼らは外国の情報をたくさんもっていますから、日本の会社と比較ができるのです。日立製作所であってもシーメンスやGEと比較してデータで攻めてきますから、合理性があってレベルが高い。グローバルな情報は日本企業の弱い部分ですから、質のいいアクティビストはむしろそれを利用して会社とタッグを組もうとします。

投資家の代表として取締役会に臨め

小林　喜光

小林　喜光（こばやし　よしみつ）

株式会社三菱ケミカルホールディングス　取締役会長
株式会社みずほフィナンシャルグループ　社外取締役

1974年三菱化成工業株式会社（現三菱ケミカル株式会社）入社。研究開発部門を経て、機能商品分野の事業に携わった後、株式会社三菱ケミカルホールディングス取締役社長および三菱化学株式会社取締役社長等を歴任。2012～2015年東京電力株式会社社外取締役、株式会社ジャパンディスプレイ社外取締役、2015～2020年株式会社東芝社外取締役、2015年～株式会社三菱ケミカルホールディングス取締役会長（現任）、2020年～株式会社みずほフィナンシャルグループ社外取締役（現任）。経済同友会代表幹事、産業競争力懇談会（COCN）理事長、日本化学工業協会会長、石油化学工業協会会長、経済財政諮問会議議員、産業競争力会議議員、未来投資会議構造改革徹底推進会合会長、経済産業省「コーポレート・ガバナンス・システム研究会」委員、内閣府「総合科学技術・イノベーション会議」議員、日本銀行参与、カーボンリサイクルファンド会長、規制改革推進会議議長などを歴任。

〈インタビュー時の役職〉
株式会社三菱ケミカルホールディングス　取締役会長
株式会社東芝　社外取締役

日本のコーポレートガバナンスは、形式から実質のフェーズに入っている

――日本の社外取締役をめぐる状況をどのようにとらえていますか。

小林　二〇一九年時点において東証一部上場会社の九三・四％で独立社外取締役が二名以上であったなど、形式はほぼできあがっています。いまは実質的にどうワークさせていくかというフェーズです。上場企業の三〇％以上の投資家が海外だということになると、会社は国家のバウンダリー（境界）を超えてきわめてグローバルに物事をみなければなりません。会社サイドの論理か株主の論理かで、だいぶ判断が違ってきますが、社外取締役は投資家の代表であり、その基本的な役割は投資家の権利を守ることだというのが私の基本的なスタンスです。

グローバルスタンダードという意味で、いま大きな問題の一つは、監査に対する信頼性が揺らいでいることです。また、上場子会社のガバナンスがどうあるべきかも残された問題だと思います。

——ご自身は三菱ケミカルホールディングスの取締役会長と、社外取締役の立場で東芝の取締役会議長を兼任されているわけですが。

小林　二〇一二年六月から二〇一五年三月まで東京電力とジャパンディスプレイの社外取締役を務めました。二〇一五年一〇月に東芝の不正会計スキャンダルがあり、経済同友会の代表幹事としての仕事もあるので、いったん固辞したのですが、結果的に同社の社外取締役を引き受けることになりました。それからもう五年くらいになります。

三菱ケミカルホールディングスは私が社長から会長になった二〇一五年六月に指名委員会等設置会社になりました。指名委員会等設置会社は化学系では同社一社だけだと思います。同社の取締役会では、五人が社外取締役です。私自身は同社で監督しかしていません。政府の会議その他で多くの役職があるので、同社に使っている時間はせいぜい二〇%だと思います。そういう意味では、社長はやりやすいと思います。

私が社外取締役を引き受けているのは不祥事が起きた会社ばかりなので、経営陣に対する信頼感がほとんどないところから出発して、怒り狂って執行側を問い詰めながら、風土改革を断行しなければならないという緊張感があります。一度もっと平穏な会社の社外取締役に就任して、「御社の経営陣は素晴らしいね」などといってみたいというのが正直な思いです。

三菱ケミカルホールディングスでは、きわめてグローバルな経験をもった人、経営コンサルタントも含めて欧米流のモノの見方をする人に社外取締役になってもらっています。日本流というか、ダイバーシティ（多様性）が非常に欠如している会社は、社外取締役に緊張感をもっていろいろ叱咤激励してもらうべきです。経営側と敵対関係になる必要はありませんが、緊張感半分、信頼感も半分くらいからスタートすべきです。

アクティビストをもっと日本に入れるべき

――社外取締役の資質についてどのようにお考えですか。

小林　弁護士、会計士、経営者、学識経験者が社外取締役になるケースが多いと思いますが、私の経験からいわせていただくと、やはり経営者のほうが勘所をよくわかっていると思います。取締役会は物事を決める場ですから、一般論をいっている時間はありません。学識経験者は時間配分をわかっていない人が多いように思います。事前に今日は何を決めるのかを認識し、どんな資料がほしいのかを会社に伝えるべきです。経営者はそういうことをわきまえているし、会議の場でもポイントを突いた発言をします。
　アメリカのアクティビストと話をしても、学者はいらない、とにかく経営者出身で、事業のわかっている人、企業価値を上げるポイントがきちんとわかる人を選んでくれという意見が多いです。アクティビストの要求は、とにかく企業価値を上げて株価を上げろと明快です。そのために、経営者の報酬を引き上げて、ROS（売上高経常利益率）五％など一定の基準を設けて儲からない事業からは撤退しろというわけです。
　私はアクティビストをどんどん日本に入れるべきだと思います。外資規制を強化して外国人投資家を排除するようなことをするのは愚の骨頂です。国家間の競争のなかで、これまでの企業慣行、雇用慣行をぶち壊さない限り、日本が比較劣位に甘んじることは明らかです。この国を変えるためには、外からの圧力を入れないといけません。

――アクティビストの時間軸は経営者の時間軸とズレがあるのではありませんか。

小林　もしそうであれば、戦えばいいのです。彼らも聞く耳をもっています。もっと自社株買いをしろといわれたら、いまの適正な自己資本はどれくらいなのかという議論をすればいいだけの話です。たしかに、彼らに長期の研究開発に関する知見はないと思いますが、どのようにエクイティをうまく使っているかについての意見はきわめて論理的に正しい部分が多いのです。彼らのほうがよほどきれいに分析しているので、わが社の経理や財務は何をやっているのかと思うほどです。

とにかく最初から、アクティビストの連中はショートターミズムで悪であると決めつけて避ける必要はありません。私はキング・ストリート・キャピタル・マネジメントなど有力なアクティビストたちと直接何回も会話しているし、東芝の取締役会議長として、四〇、五〇人のアナリストを集めてプライベートな会話もしています。そういう会話をすればいいだけの話です。

株主を第一に考えることは日本の文化にあわないという意見もありますが、資本主義の原理原則は同じです。資本をめぐるグローバルな戦いで、ROE一〇％を行ったり来たりしている会社が、二〇、三〇％のROEを叩き出している会社に勝てるわけがない。ショートターミズムとかいう前に、すべきことをきちんとすることです。それにアメリカ流が本当にショートターミズムかというと、そんなことはありません。GAFAは超長期を見据えた設備投資、研究開発投資をしています。それができるのは儲けているからです。まずは儲からなければ「三方よし」にはなりません。

原資がないままでステークホルダーへの分配や長期的な研究開発の議論をしても仕方がな

い。まずは原資をどこから稼ぐか。その効率を最もよくするにはどうするかです。社会性やESGはかなりロングタームです。研究開発も最低一〇年レベルなのでロングタームです。会社は儲けが八で、研究開発が一、社会性も一だと思っています。世界の株式向けESG投資は一七〇〇兆円で、株式市場にあるお金が九九〇〇兆円、ちょうど二〇%くらいがESG投資です。ということは、会社も儲ける部分が八割でESGとか研究開発が二割くらいかなと思っているのです。

アメリカの財界ロビーのビジネス・ラウンドテーブルも「株主資本主義」を批判して「ステークホルダー資本主義」への転換を宣言していますから、どこかいいところで最適化するのではないでしょうか。だから、日本企業はかたくなにならず、むしろ進んでグローバル化していくべきです。日本の会社はいまだに投資家と対話をするだけの理論的バックグラウンドや、自分の会社の課題を進んで把握しようとする気持ちに欠ける面があります。多くの経営者には会社は自分のものだという意識があって、会社は公的なものであるという認識がまったくない人もいます。ステークホルダーすべてのことを考えるのが経営だが、そうはいっても、やはりリスクキャピタルを提供してくれている株主のことをもっと大事にすべきです。

取締役会とは別の議論の場を設ける

――取締役会を活性化するためにどのような工夫が考えられますか。

小林　いちばん重要なのは、何を取締役会の議題にあげるかです。どうでもいいことに時間を使うのではなく、会社の企業価値に本質的に関係することを議論するほうがいい。執行に全部任せると、だいたいややこしいことは上がってきません。

また、取締役会は形式的になりがちなので、取締役評議会とか取締役連絡会みたいな場を設けて、本質的なことをオフラインで議論する場が必要だと思います。そこでポートフォリオマネジメント、企業風土、コンプライアンスについてじっくり議論し、執行側に考えさせる。それは社外取締役の役割です。

たとえば、個別の事業のイグジットルールを明快にして、モニターしていくことを社外取締役として提案して、先ほどの取締役評議会などで整理させる。執行側は自分で育てた事業に思い入れがあるので、赤字でも長期的に考えて存続させるという結論になりがちですが、しがらみのない社外取締役は一定程度のクライテリア（尺度）を明確にもって経営をすることを指導していくべきです。

執行側にいいづらいことを部長クラスの職員が社外取締役に訴えてくることがあるので、それを取締役会や取締役評議会の検討課題に加えることも考えられます。たとえば、研究開発職の女性が私に、部長クラスになれる女性は五%もいない状況だと訴えてきたことがありました。職員は執行側に直接いいづらいでしょうから、そういう状況をあぶり出してくれるのは社外取締役かもしれません。

――会社側からの社外取締役が機能するためのサポートで重要なものはありますか。

小林　議案のエグゼクティブサマリーは、きちんと出してもらいたいと思います。ナスダックのBoardvantage（役員、管理職のためのペーパーレス会議システム）を使っていて、ネットでさっといつでもみられるように情報を流してくれる会社もありますが、このように、常にアップデートできるようなツールが欲しいです。

社長の決め方

――指名委員会ではどのように社長候補を決めていますか。

小林　社内の役職員を社長にする会社の場合は、その人のキャリアパスをしっかり把握して、頻繁に面接するしかないですね。執行側からの情報と社内の評価をメインにしながら、コンサルタントを使って評価をして、それが私の面接した感覚とあっているかどうかという判断になります。私の経験では、不思議とあっていることが多いですね。

三菱ケミカルホールディングスの指名委員会は、社外取締役の指名委員が四人で、執行側の指名委員は私一人です。面接した後の皆さんの評価は、コンサルタントの評価とも近いですし、五人のうち一人だけ外れていることも少ないです。いまの社長を選ぶときは、日曜日にしっかりプレゼンテーションをしてもらいましたが、ほとんどの人が同じ人を選びました。それがいいのか悪いのかわかりませんが。

混乱期の東芝の社長を選んだときも、どの指名委員も最後は同じ人を選ぶ感じでした。指名委員は三人の社長経験者のほか、弁護士、会計士といろいろなバックグラウンドで、全員社外取締役でした。不思議と人をみる目というのは案外同じだなと思いますが、逆にいえば、候補者の間に非常に明確な差があったのかもしれません。甲乙つけがたいとなればまた違うかもしれません。

社長候補に選ばれる条件として決定的に重要なのは、プレゼンテーションのうまさです。それが本当にいいかどうかは疑問です。夢とポテンシャリティはたくさんあるのになかなかそれが出せない人は社長になれず、プレゼンテーションがうまくて論理的にモノをいえる人が得をしています。

かつてのように社長が次の社長を選ぶのであれば、現社長はその辺のニュアンスは長い付き合いでわかっていますから、適正な判断ができるかもしれません。私が三菱ケミカルホールディングスの社長のときは指名委員会等設置会社ではありませんでしたから、私が次の社長を選びました。

自分が次の社長を選ぶときは極端なことをいえば、トイレに入る前はあいつにしようと思っていたが、出てきたらやはりあちらのほうがいいなということがあるわけです。はっきりいって、自分が会長になりリタイアしてもきちんと付き合ってくれる人を選ぶか、それとは関係なく、できる人だが自分にたてつく人を選ぶか。これはもう政治の世界で起きることと同じです。それに比べると、指名委員会等設置会社は、社長にとって後任を選ぶ負荷が少なく、より公正に選択できると思います。

第2章

経営者とともに企業価値を高める

社外取締役の最も重要な役割は、会社の持続的な成長と中長期的な企業価値の向上を図る観点から経営を監督することである。そのため、経営陣の評価が適切に反映されるような報酬設計を行うことや、必要な場合には社長・ＣＥＯの交代を促すこと、経営陣から独立した立場で事業ポートフォリオの議論を促すことが重要である。他方で、監督者として経営陣とともに説明責任を果たし、経営陣のリスクテイクをサポートする役割を果たすことも求められる。

本章では、企業価値を高めるためにどのようなことに留意すべきかについて紹介したい。

会社のコマンドタワーはCEO、企業価値を高められるCEOを選び、高められないCEOを交代させるのが社外取締役の役割

川村　隆

川村　隆（かわむら　たかし）

1962年株式会社日立製作所入社、工場長を経て1995年同社取締役に就任。常務取締役を経て1999年株式会社日立製作所代表取締役副社長に就任。日立マクセル株式会社などグループ会社のトップを歴任し、2009年株式会社日立製作所代表執行役会長兼執行役社長兼取締役に就任。2010年株式会社日立製作所代表執行役会長兼取締役、2011年同社取締役会長、2014年同社相談役となるまで同社の再建を指揮。株式会社日立建機、株式会社みずほフィナンシャルグループ、カルビー株式会社、株式会社ニトリホールディングス、日立化成株式会社、いちご株式会社、株式会社日本経済新聞社社外監査役、東京電力ホールディングス株式会社などの社外取締役を歴任。

〈インタビュー時の役職〉
東京電力ホールディングス株式会社　社外取締役

次期CEOの推薦を否定するとき

――社外取締役の最も重要な役割はなんでしょうか。

川村　会社の司令塔はCEO。執行役会長の場合もありますが、普通は執行役社長です。したがって、適切なCEOを選ぶことが社外取締役のいちばん大事な役割になってきます。もちろん社外取締役は社内のことを詳しくは知らないから、まず社内から候補者をあげてもらって、それを吟味するわけですが、その吟味の仕方を相当丁寧にやる必要があります。実際には現CEOが候補者をあげるケースが多いと思いますが、社外取締役のほうはその現CEOがどのくらいの業績を上げたかを相当気にしますね。現CEOが業績をきちんと上げた人、企業価値向上に貢献した人であれば、その推薦を重んじることになると思います。そうでなければ、自分たちの意見を相当入れて、他所から新しい人を連れてくることを含めて、いろいろな吟味をすると思いますね。

会社にとっていちばん大事なのは、本当によい人を執行役社長あるいはCEOに選ぶことです。いまの日本の会社では、まだまだ年功序列の意識が残っているのではないでしょうか。前のCEOがあの部門の人だから、今度はバランスをとってこっちの部門の年次の少し若い人にしようとか、出世コースなるものが会社のなかである程度決まっていて、そのコースをきちんと上がってきて、ミスのない人を選ぼうという意識が残っています。また、現CEOはどうしても自分の路線を踏襲する人を推薦しようとします。そういう人が社内から推薦されてきたときに、社外取締役が適切な判断を下せるかどうかが大事だと思います。実情を詳しく知っているわけではありませんが、現CEOの推薦に対して社外取締役がノーというケースは、まだそれほど多くないのではないでしょうか。

社外取締役が次期CEOの適性を判断する際には、その人が会社の厳しい場面をどれくらい経験してきたかを考慮に入れなければなりません。大きなM&Aを成功させるとか、業績の厳しい部門を立て直すといったことをきちんとやれたかどうかが相当大きな判定条件になるはずです。厳しい環境に置かれた人は、社内の出世階段をじりじりと上がってきた人にはないような潜在能力を発揮しているときがあります。リスクが高い仕事だから失敗することもあるわけですが、そのときはどれだけ早く修正をかけられたかが問われます。日本の企業はその辺の判定が少し甘いのではないかと思います。たいていの取締役会では、次のCEOを選ぶときにあまり鋭い意見が出ない。社内の人がそういっているなら、くらいの感じで決めてしまう。

これはかなり、いまの日本の停滞に影響していると思います。一九九〇年までの大発展の後、大きな負債を減らして一応健全な状態まで戻すのに二〇年もかかりましたが、その間に前例踏襲主義がはびこりました。日本は人口も減っていくし、放っておくと縮小均衡ですから、前例踏襲が自分たちの仕事だと思い込んでいる社内の人たちの背中を押す必要があります。その役割を社外取締役がきちんと果たせないと、CEOになった人が取締役会長まで兼務して暴走することを許してしまいます。創業者がCEOの会社は、創業者がいるときはそれでいいのかもしれませんが、問題は二代目以降でしょうね。

――社外取締役として社内からの推薦にノーをいったケースはありますか。

川村　私が社外取締役として関係したある会社では、次の社長を決めるときに、四人くらいの候補のなかから二人に絞って、二人のうち一人が有力だったのですが、半年くらいの審査を経て、もう一人のほうに切り替えたことがあります。私がノーといったというより、指名委員会で議論した結果です。

まず、社内から推薦してもらった四人に対して三六〇度評価をやりました。上長、同僚、部下、それから社外の人からも意見を集め、人材会社の手も借りて調べて、二人に絞り込みました。ところが、二人のうち本命と思った人の会社の業績がかなり悪くなったんですよ。調べてみたら、海外の事業で、たしかに外部要因はいろいろあったのですが、いくつか意思決定がよくなかったところが見受けられました。調査のために、取締役会から海外に人を派遣したりもしました。そこで、第二候補に切り替えたわけです。

この後ビジネス環境はすごく悪くなる方向だから、相当意思決定のしっかりした、物事を詰めていく人じゃないとやりきれませんよといったら、現社長も承諾してくれました。そういう話はなんらかのルートで漏れるらしくて、最初本命だった人は、自分が社長になると思っていたら、ある時期からさっぱり現社長の海外出張にも一緒に連れていってもらえなくなったし、おかしいなと残念に思っていたようです。

ただ、いまは全体的に市況が悪いから、社長が変わっても本当にこの後ずっとうまくいくかどうかはわかりません。新しい社長も猛烈に頑張っていますが、すぐに成果は出ていません。なかなかその判定はむずかしいです。アメリカのGEをみても、業績がだいぶ悪くなってから、ファンドの人が取締役会に入ってきて、最初は社内の意見を入れて社内出身のCEOに替えたけれども、業績が下がり続けるものだから、一年で社外出身のCEOに替えましたね。社外出身のCEOはGEの歴史上、初めてです。百何年間、ダウ工業株採用銘柄に残っていたのはＧＥだけだったのに、ＧＥはそこからも外れてしまいました。それくらい会社は変遷するものです。

業績をモニターするために必要なこと

――社外取締役の力で会社の状況を変えるにはどうすればいいでしょうか。

川村　いつまで経っても企業価値が上がっていかない、株価が上がっていかない、配当もできないというようなときは、社長を取り替えるしかありません。それを社外取締役が主導できればいいですが、普通はそこまでいかなくて、この人は社長になってまだ三年だからもうしばらくみてみようということになるでしょうね。

――株価を意識した経営はそれほど当たり前になっていないのかなと感じます。

川村　そんなことはないと思いますね。ＣＥＯはいつも時価総額を気にしています。ごく近い未来の予想される企業価値が株価ですから。本当の会社の価値は、時価総額プラス有利子負債ですよね。負債があるということは、それだけの信用が会社にあるということです。もっとも、有利子負債のほうは借りすぎる人もたくさんいますので、別の考慮が必要ですが、株価のほうは比較的、正直に反応すると思います。株価を上げなくてもよいと思っているような社長がいてはいけません。きちんと利益をあげて、それが株価に反応して、経営者の業績として評価されるというのが資本主義の基本だと思います。

ただ、本当のことをいうと、株価とは別に、もう少し先の未来の企業価値を予想する指標があって、その指標によって経営者を評価することができればいい。もう少し先の企業価値を決めるのは会社の戦略であり、戦略を立てて実行するのは人だから、どこにどんな人がいて、どんな仕事をしているかを指標化できるといいのではないかと思いますが、いまの経済学はそこまで進歩していません。

実際にCEOの業績を評価するときにいちばん大事なのは、やはり最終利益でしょう。現場で働いている中堅層の報酬を決めるときは営業利益で評価すべきだと思いますが、会社の最終的な責任者である社長の報酬を決めるときには最終利益で評価すべきです。売上高で判断していると、営業部門が利益の出ない注文をたくさんとってきますから要注意です。ただ、売上げが利益に直結する仕事もあるので、そういうときには売上高で判断するのがわかりやすい。

――次期CEOを決めるのに、いろいろなチャレンジをさせた結果をみて、というお話でしたが、社外取締役の任期を考えると、それほど長期にわたって観察することはできないのではないでしょうか。

川村　そうですね。社外取締役の任期は長くても六年くらいでしょうから、四〇代、五〇代の頃から目星をつけておいて、振るい落としていった結果を引き継いでいくしかないですね。ただ、人材教育の仕組みをどうするかは、社外取締役が関心をもって意見をいっていかなければならない重要な項目です。

東京電力でも経営幹部の候補者として、四〇代の人を十数人セットにしています。そして、この会社の場合は電気を売る事業が既存事業になるわけですが、ここを筋肉質化してヒト・モノ・カネをスクイーズアウトし、これはと思う人物を新しい事業に移しています。新しい事業として、たとえばデータセンター事業があります。データセンターは電源がいちばん大事だから、変電所の真上につくるのがいちばんいい。変電所は最近地下にあるから、洪水にあわないようなところに変電所をつくって、その上にビルを建ててデータセンターをつくります。データセンター事業は放っておくと設備を貸すだけの事業になってしまいますが、ビッグデータの活用にまで関与していけないかというところを四〇代の将来頭角を現しそうな人物にやらせるのです。電気自動車関係では、電気自動車のバッテリーの急速充電を可能とし、余ったバッテリーを有効活用して家庭に電気を送るという事業があります。データ処理とネットワークの構築が大事になりますが、そこは分社化して、いま四〇代の女性が社長になっています。

繰り返しになりますが、そういうことなしに従来方式でずっと社長を決めていくと、どうしても似たようなかたちで商売をやり続けることになって縮小均衡に陥ると思います。歴史のある宿屋さんとか日本酒の名品をつくっている会社ならそれでもよいかもしれませんが。

人材を放り込む場としては、他には海外事業の足がかりをつくらせるとか、創業者のいる会社で勉強をさせるということでしょうか。創業者のいる会社は、やっていることのすべてが新事業なので、そこに行って勉強するのが本当はいちばんよいと思います。アメリカのように自分でそういう新事業を立ち上げようとする人がたくさん出てくればいいわけですが、日本のベンチャーカンパニーの成功例はきわめて少ないし、そんな会社に就職するというと親からは反対されるでしょうね。

――社外取締役が株主のエージェント（代理人）としての意識を強くもつようになれば、状況は変わっていくでしょうか。

川村　そのとおりです。株主はオーナーですから、社外取締役は企業オーナーの代理人という心構えが要るということです。そのためには経営に対して助言を行うだけでは足りなくて、社外取締役がモニタリングもできるようにしなければいけませんよね。普通の社外取締役には部下がいませんが、実働部隊がいないと会社の状況のモニタリングはできません。監査委員長が部下を指揮できるようにすべきだと思いますが、いまの内部監査室は社長直下にあるのが普通です。内部監査室は社長だけではなく、取締役会にもレポートするようにすべきです。そうしている会社も増えてきました。

一般論だけでは押し切れません。いろいろな証拠を突き付けて、いまのままでは会社が状況を打開できないことを示したうえで社長交代を要求する必要があります。それでも実際の判断はむずかしいと思います。会社の業績は外部要因に左右されますから、表面的、画一的にマルバツをつけることはできません。判断がむずかしいために、結果的に取締役会がさぼってしまっているケースも多いのではないでしょうか。

――内部監査部門が誰にレポートするかというのは、すごく重要な話ではないかと思います。

川村　そのとおりです。加えて社内組織としては、財務部門も重要だと思います。財務部門が社長と相談して「今回だけは認めましょう」というのはだめで、法律違反に対しては猛烈に厳しくなければいけません。監査委員会と内部監査室と会計事務所・財務部門が三者三様の監査をして、お互いに情報を交換するようになれば、実効的なモニタリングが期待できると思います。

赤字になる前に事業を廃止できるか

――事業ポートフォリオの変革において、社外取締役はどのような役割を果たすことができるでしょうか。

川村　どの会社でも必ず廃止しなければならない事業が出てきます。問題は、そういう事業がまだ生きていることです。続けていれば利益が少し出るけれども、必ず最後はなくなるとか、減少していくということがみえているなら、売却したり、同業他社と一緒に専門の会社をつくったりして、細く長く生きながらえさせるということを考えなければいけない。そういう事業で働いている人に対しては、ずっと同じ仕事を続けたいのか、新しい事業のほうに移りたいかを一人ひとり聞いて、新しい仕事をしたいということなら、半年間くらいは教育の機会を設けてあげるなどの配慮が必要でしょう。しんどい作業になりますが、それをやって給料をもらうのが経営者です。会社のヒト・モノ・カネ・情報という四つの資源を、企業価値を最大化するように配分するのが経営者の仕事ですから。

取締役会としては、そうした仕事をＣＥＯがきちんとやっているかをみるということですね。創業者のいる会社であれば、創業者自身が、帳簿上はこうだから、お客さんの需要がなくなってきているから、ということを自分で考えて、事業の廃止を決断するでしょうね。しかし、跡を継いだ社長は、創業者がつくったこの事業をやめていいのかなんて悩むのではないでしょうか。しかし、それは悩んでもしなければいけないことであって、社長の決断の後押しをする取締役会の存在意義が問われるところではないでしょうか。

――外圧がなければ決断できない会社が多いのではないでしょうか。

川村　そのとおりです。事業がなんとか利益を出している状況だと、なかなか変わる気になりません。それが日本企業の弱いところだと思います。ファンドが来る前になんとかしなければいけない。彼らは、本当の短期利益主義者です。ファンドの人たちは会社をよくするためになんていっていますが、彼らの目的が本当に会社の長期的な利益にあるのかどうかは疑問です。

日立では自動車部品事業までもが二〇〇九年のリーマンショックで大きな赤字を出しました。同事業を切り離したほうがいいという意見もありましたが、みんなで相談した結果、残すことにしました。トヨタまで赤字になった時期に、一年赤字だったからといって事業を廃止するのは早計でしょう。市場の見方は短期的です。ファンドのいうとおりにやると、本当に大事なものが残らなくなってしまう危険があると思います。

内部留保がある程度残っている間に立て直すために、たとえば二期連続の赤字になったら経営者を入れ替えるといったルールを決めておいてもいいと思います。きっかけがなければ、なかなか大ナタをふるうことができませんから。

日立では一九九〇年から二〇〇九年までの二〇年の間にじりじりと業績が低下していきました。これではだめだという人がいなかったからです。取締役十数人のうち社外取締役は二、三人いましたが、皆さん社長のお友達で、自分が退任するときにいまのままじゃだめですよと演説をして去っていくという役割でした。

私はこれではだめだと思って、二〇一二年に社外取締役の数のほうを多くしました。また、率直な発言のできる外国人を入れて、英語で会議をやるなどのショック療法を試みました。その効果も加わって、いろいろな変化が起こって業績が回復したわけです。再びリーマンショックのような危機が来る前に、こうした改革ができるかどうかが問われるのではないでしょうか。

取締役会で多数決をとってなんていうのではなくて、取締役会会長あるいは取締役会議長がCEOに「君、そろそろ降り時だよ」といわなければいけません。それは社内の人にはいえないことです。社外取締役とは、そういう仕事ではないでしょうか。社長のお友達で、取締役会議長にしてもらったなんていう人ではだめですよね。

社外取締役も批判にさらされるべき

――社外取締役のモチベーションを高めるためにはどうすればいいでしょうか。

川村　社外取締役は非常勤だから、社長よりはるかに少ない時間しか働かないし、報酬は社長の三〇％程度以下でしょう。そうすると、経済的な動機だけで社外取締役になっている人はあまり真面目に働かないかもしれませんね。会社で何か不祥事が起こったときに、社外取締役がもう少し厳しい社会的な批判にさらされてもいいのではないでしょうか。

会社はＣＥＯで動きますから、ＣＥＯが「どうもあの人がいるから変なことはできないな」と思うような人が取締役のなかにいるだけでずいぶん違います。社外取締役に会計や法律の専門家も必要でしょうが、本当は自分で会社を経営していた人のほうがＣＥＯの問題点がよくわかると思います。そういう人が社外取締役の総意をまとめて社長の肩をたたくといった例がたくさん出てこないとだめでしょうね。

日本の社長の給料はアメリカの社長に比べて低いから、あまり責任を負わせるとかわいそうだという意見もありますが、私はアメリカの役員報酬は少し高すぎると思っています。

社外取締役がまったく質問をしないという会社はあまりないのではないかと思います。質問しておかないと社外取締役として格好がつかないと思っている人も結構いるでしょう。しかし、社長をどうするかといった、会社の命運にかかわるような話は、もう少しインフォーマルな場でする必要があるでしょうね。東京電力では週に一回、二時間ほどＣＥＯともう一人の役員と私の懇談の場を設けています。一五〇項目くらいの課題について、現在の状況を報告してもらっています。

——前のＣＥＯが取締役会長、取締役会議長になるケースがありますが、それについてはどう思われますか。

川村　先ほど話したＣＥＯの交代があった会社では、ＣＥＯを卒業する人が「僕は取締役会議長にはならない」と宣言してくれました。そのため、取締役会議長は社外から招くことになり、前ＣＥＯは名前だけの取締役会長になりました。しかし、社長ＣＥＯの卒業生が取締役会長となり、取締役会を牛耳る例も多くみられます。これはよくみておかないと、取締役会長が変身して暴走するおそれがあります。創業者は案外目配りが利いて最後まで頑張れるかもしれないけど、そうではない人は権力の座に一〇年もいると腐敗して会社を私物化し始めます。やはり、ＣＥＯ自身と取締役会長の心構えがいちばんです。

企業価値を深く理解し、中長期的視点に立って、率直にモノ申す

伊藤　邦雄

伊藤　邦雄（いとう　くにお）

株式会社セブン&アイ・ホールディングス　社外取締役
東レ株式会社　社外取締役
小林製薬株式会社　社外取締役

1975年一橋大学商学部卒業。一橋大学商学部教授、同大学大学院商学研究科長・商学部長、同大学副学長・理事を歴任。2015年～一橋大学CFO教育研究センター長（現任）、同大学名誉教授（現任）、中央大学大学院戦略経営研究科特任教授（現任）。経済産業省「持続的成長への競争力とインセンティブ～企業と投資家の望ましい関係構築～」では座長を務め、最終報告書（伊藤レポート）はコーポレートガバナンス改革をけん引した。経済産業省「コーポレート・ガバナンス・システム研究会」委員、内閣府「未来投資会議・構造改革徹底推進会合」委員、東京証券取引所「企業価値向上表彰制度委員会」委員長、同省「SDGs経営/ESG投資研究会」座長、同省「サステナブルな企業価値の向上に向けた対話の実質化検討会」座長などを歴任。経済産業省・東京証券取引所「DX銘柄」（旧「攻めのIT経営銘柄」）選定委員長、「TCFDコンソーシアム」会長などを務める。三菱商事株式会社、東京海上ホールディングス株式会社、日東電工株式会社、住友化学株式会社などの社外取締役を歴任。2013年～小林製薬株式会社社外取締役（現任）、2014年～株式会社セブン&アイ・ホールディングス社外取締役（現任）、東レ株式会社社外取締役（現任）。

〈インタビュー時の役職〉
株式会社セブン&アイ・ホールディングス　社外取締役
東レ株式会社　社外取締役
小林製薬株式会社　社外取締役

トップに再考と決断を促す

――社外取締役としての重要な視点について教えてください。

伊藤　まず、取締役会に出てくる議案を起案した部署は、それを早く実現したいという思いが強いので、議案に対する検討が性急であったり、単視眼的になっていたり、時に短期思考になっている場合があります。たとえば、M&Aでは、ほかの買い手候補と競争になるので、価格を引上げがちになります。そのときに、担当部署はこれまで時間と労力を投下して交渉を進めてきたわけですから、また経営陣もそうした努力を多としていますので、もう少し待ったほうがいいのではないか、あるいは別の角度から検討したほうがいいのではないかという意見は社内からは出にくいのです。

ですから社外取締役としては、当該議案を社内では見落としがちな角度から再考を促したり、アドバイスしたり、これまでの戦略との整合性・一貫性の観点などから発言することを心がけています。

逆に、M&Aの案件であれば、少し価格が高くなっても戦略的な見地から、ここは買収に踏み切るべきだと経営陣の背中を押すこともあります。

ですから、社外取締役としては、長期あるいは少なくとも中期的な時間軸で質問をし、意見をいうことが大事だと思います。加えて、たとえば、M&AではEBITDA（金利・税金・償却前利益）倍率でどのくらいが標準かが一つの物差し・判断基準になりますから、そうした拠って立つ基準なしに価格についてあれこれいうことは危険です。したがって、社外取締役がそうしたM&Aを語るうえで必要となる一定程度の財務や会計のリテラシーを高めることが大事になると考えます。

さらに、資本市場あるいは投資家目線でみたらどうなのかという検討も必要です。投資家との対話はもちろん必要ですが、普段から取締役会のなかに投資家の目線も入れておくことが大事です。

最後に、社外取締役がある重要案件について議論が分かれたときに、「本当にこれを実行するのですか」といって議論を巻き起こし、経営陣に覚悟を問い、最後にCEOが「私の責任においてさせていただきたい」と発言するように取締役会での議論を活性化することが大事です。そうなれば、もう十分なけん制が働いています。経営トップが私の責任で決断・実行しますというまで議論を熟させることです。

私は社外取締役の役割は、社外の人間として、中長期的な視点に立って企業価値と真摯に向き合うことだと思っています。結果的に社内と意見が一致するかもしれないが、社内の視点に引きずられないように、バイアス、先入観をもたずに企業価値を理解する。そして、取締役会の場では、文脈を読んで空気は読まないことです。なぜ当該議案が上程されたのか、その案件は時間軸のなかでどういう意味合いをもつのか、その案件が承認されて実行に移されるとどういうインパクトを生み出すだろうかということを、想像力を駆使しながら考え、発言する。空気を読んでしまうと発言できなくなります。空気を読まないためには勇気がいります。その場に流れる「同調圧力」的な空気に打ち勝つ勇気が社外取締役には必要です。

正確な情報を収集するため、経営陣以外とコミュニケーションをとる

――執行陣側と社外取締役との関係、距離感をどのように工夫されていますか。

伊藤　社内の人と心理的な距離が近くなりすぎると、客観的に厳しい意見がいえなくなりま

す。なれあいになってはいけませんが、私は社外取締役の職責を遂行するためには、正確で客観的な情報をCEOや取締役会以外のルートで集めることが大事だと考えています。当てずっぽうで意見をいっても、「大変貴重なお言葉ありがとうございます」といわれておしまいです。きちんと情報をとって、冷静に分析・判断し、かつ勇気をもって発言する必要がある。

私自身が心がけているのは、取締役会メンバーの一層、二層下くらいの人たちとコミュニケーションネットワークをつくっておくことです。執行役員とか部長とかです。そうすると、CEOが取締役会で語っていることとずいぶん違うということがある。彼らからすると事実に裏付けられた情報を私に提供すれば、それを私が咀嚼して取締役会での発言につながっていくという期待感があるので、彼らは私に率直な意見と正しい情報を提供してくれます。

当然こちらとしては、彼らが都合のいい情報ばかり出している可能性を意識していないと危険です。その意味で、多元的な情報収集をして、突合せをすることも必要です。気になる情報があったら、どういうことなのだろうとすぐ動く。それなりのルートで情報収集しておかないと、手遅れになる危険がある。

多元的な情報ルートとは、部署というより信頼できる人との関係です。たとえば、秘書室、経営企画部、広報部の幹部職員、社内の常勤監査役といったところでしょうか。ただ、常勤監査役もバイアスが入っているときがあるので、こちら側で見分けないといけません。

あの社外取締役はこういった発言をしているという情報は、なんとなく社内の一定層には伝わっています。あの人はあまり取締役会で発言していないという情報も伝わっています。社内の人は、アクティブではない社外取締役とは真面目に付き合いませんが、経営者にかなり正しくモノをいう人で、経営者もそれを無視できないとわかれば、その社外取締役には情報をあげようというインセンティブが働きます。

たとえば、中期経営計画についての説明を受けたときに、それを舞台裏で実際につくっている人たちの話を聞くと、公式な説明と別の姿がみえてくることがある。実は上にこう提言したのだけれども跳ね返されてこうなっているみたいなことがわかれば、社外取締役が自らの判断で適切なかたちで、ではこちらからいってあげようかということになります。もちろん逆のパターンで、社長が社内を説得したいが、なかなか社内が動かない場合には、こちら（社外取締役）が社長の意を代弁することもあります。社長だって、実は会社のすべてを動かせるわけではない。社内の反対を押し切って、物事を適切に実行するために、社外取締役もこういっているというふうにもっていきたいという場合があるわけです。つまり変革を進捗させたり加速化させるために、時に社長の意見や考えと同期化して動くことも大切なのです。

社外取締役同士のコミュニケーション

――どうすると取締役会での議論が活性化しますか。

伊藤　こちらがいわなくてもきちんと必要な議題を出してくる会社と、いわないと出してこない会社があります。たとえば、経済産業省が公表したグループ・ガバナンス・システムに関する実務指針（グループガイドライン）に沿って、上場子会社の状況を報告するので議論してくださいといってくる会社と、こちらがいわないと議題にしてこない会社がある。したがって、議題に上がってこない重要なテーマを引き出し、取締役会の議題にするよう働きかけることが大事です。

また、ほかの社外取締役からも多くの気づきがあります。日本企業はあまり筆頭社外取締役といったポジションをつくりたがりませんが、実際にはその役割をする人がいます。その人がどういうスタンスでどういうふうに発言するかがほかの社外取締役にも刺激を与えているはずです。この社外取締役は、以前はこういう言い方ではなかったが変わってきたというのをみて、ほかの社外取締役が学習するという効果は大きいと思います。

さらに、取締役会の活性化のために重要なのは、議長が公正、誠実なことです。社内の取締役が議長を務めていると、どうしても社内論理で議案の選定が進められる傾向がある。社外取締役が議長をしていれば、それほど心配はないと思います。その場合には、社外の議長が社内の論理を超えて議案の選定にもかかわることができるからです。

――他の社外取締役と連携して行動することはありますか。

伊藤　会社から出された重要議案にどうしても納得がいかないケースにおいて、社外取締役が連携しなければ、反対したり、議案を差し戻させたりすることはむずかしいと思います。

糠に釘ではないですが、意見をいっても、「わが社はできている」みたいなことをいう謙虚さをいささか欠いた経営者もいます。あるいは、「できている」と誤解している場合もある。しかし、ほかの役員と話すと「そんなことはないのです」という。社外取締役が過半数いれば別だが、社内取締役のほうが多いときに、会社を動かすことはむずかしい場合もある。こちら側がいったことを本当に真摯に受け止めて、きちんと実現に向けて動いていく会社だとガバナンスもどんどん向上する。ところが、まあ聞いておきましょうくらいだと向上しない。その差は大きいと思います。

――社外取締役同士のコミュニケーションはどうしていますか。

伊藤　雑談を含めて、普段からいろいろな情報交換をしています。その意味では、社外取締役全員が同じ部屋に入っているといいと思います。個室にすると、みんな雑談をしなくなるからです。また、社外取締役がお互いの携帯番号を共有しておくと、情報共有が迅速に行えます。比較的早く情報をキャッチした社外取締役が、こういう情報を得たけど留意しておいてくださいといったことは電話ですぐ話します。

社外取締役が連携してCEOに意見を伝える際に、CFOですごく誠意のある人がいれば、その人を通じてCEOに意見を伝えることもあります。社外取締役が社長に直接意見をいうと、少し強すぎるというときがあるからです。立派なCFOはまさに経営トップの視点をもっており、見識を備えていますので、CFOからCEOへというルートは効果を発揮することが少なくありません。

――株主や機関投資家とのエンゲージメント（関係構築）の場に出ることはありますか。

伊藤　現段階では機関投資家との対話の場に出ることは多くありません。一般論として、アクティビストから社外取締役と会いたいという申出があったときに、社外取締役とアクティビストの一対一の対話の場を設定することがこれまであまりありませんでしたが、最近はそうしたアクティビストと社外取締役との対話の機会が出てきています。また機関投資家と社外取締役との対話の場面で、たとえば、投資家側から「御社では、資本コストをもとに事業再編の議論をしていますか」と聞かれたときに、その社外取締役に資本コストに対する知見があまりない場合、仮に取締役会で資本コストに関する議論をしていても、「私は資本コストのことはよくわからないので」などと答えたら、投資家に誤った心証を与えてしまいます。機関投資家との対話・エンゲージメントの場面に社外取締役が出ることは一般論としては推奨されるべきですが、実務論としては、複数の社外取締役のなかの誰が投資家と対話するのか、その判断はすごくむずかしい問題だと思います。

外部の目が入ることで変わる

――経営計画や事業ポートフォリオについて発言した結果、会社の行動が変わってきたことはありますか。

伊藤　中期経営計画が取締役会に議題として上程された場合、三年後の事業ポートフォリオをどうするのか、この三年間でどういう新規事業がどれくらいのスピード感で立ち上がり、既存事業の売却・廃止を進めていくのか、ＥＳＧ（環境、社会、ガバナンス）も含めてＫＰＩ（重要業績評価指標）をどのように設定するかについて必ず発言するようにしています。中期経営計画が取締役会の決議事項かどうかは別として、議題として上がってくれれば、事業ポートフォリオの議論がしやすくなります。

例を申し上げると、自社に知見や専門技術が十分にない分野の事業をしていて、このままでいいのかという発言をしたことがあります。そう発言したからといって、一カ月後にその事業をやめたわけではありません。ところが、一年後、やはりやめることになったというケースがありました。振り返ると、過去の社外取締役としての自分自身の発言が効いたのだなと思うことはあります。別の会社で取締役会でもう少しヘルスケア関係の事業に力を入れたらいいのではないですかと発言したら、すぐに反応したわけではなかったけれど、その後、一年ほど経って力を入れるようになったというケースもありました。要は社外取締役が発言したことが、すぐに会社側の一定の行動を誘発しなくても、その発言が経営陣の心に響き、ボディーブローとなって、そうした発言の方向に会社側が動くということがあるということに、社外取締役は留意しておく必要があります。自らの発言に経営陣がすぐに反応しないからといって、落胆する必要はありません。

――指名報酬プロセスについて外部の目が入って変わった例はありますか。

伊藤　指名委員会で執行側があげてきた候補者について、必ずしもふさわしくないのではないかという意見をいったことがあります。ただ、執行側はその人に力があるから候補者としてあげてくるわけで、それをいきなり否定することは控えます。一定期間その人をモニターしてみたらどうですかと提案して、結果的に会社側もこの人ではむずかしいでしょうということになった例はあります。そういうことができるかどうかは、社外取締役がそれなりの情報をもっているかどうか、人を深く観察する姿勢と能力をもっているか否かにかかってきます。たとえば、ある重要子会社のトップ人事で、有力なある人を社長ではないが、それなりのポジションにつけて、次の社長候補としようとしたときに、その後一定期間経った後に、いろいろと聞いてみて、芳しくない情報が出てくるのであれば、指名委員会として再考することは十分ありえます。あるいは指名委員長として本人と会って、リーダーとして周りから信頼され尊敬されるには、こういう点に留意してほしいということを本人に諫言することもあります。ある意味、指名委員会や指名委員長がコーチ役的な役割を果たす場面もありえます。

加えて、私自身が心がけていることがあります。指名委員会は任命や昇格（あるいは降格）という「０・１」のかなり強い決定をすることになりますが、報酬委員会は性格が異なります。ある意味で、「連続線」上での決定をすることになります。重要なことは、報酬委員会での各人に対する評価が当該役員に対するメッセージとなりうるということです。報酬委員会での各取締役・役員に対する評価に基づく報酬額の決定は、当該取締役・役員に対する警鐘となって行動の是正を促すこともあれば、逆にこれまでの行動を肯定しさらに奨励することにつながったりもします。報酬委員会と指名委員会の連動も今後のテーマの一つでもあります。

――会社側のサポート体制で足りないところはありますか。

伊藤　取締役会事務局はつくったほうがいいと思います。監査役会設置会社の場合には、常勤監査役、社外監査役、社外取締役の間に情報格差が起こるケースが多いからです。とりわけ監査役と社外取締役の間には情報格差が起こるケースが多い。監査役会では当然、常勤監査役が社外監査役に比較的細かな情報まで提供していますが、社外取締役のほうには必ずしもそうした機会がない。だから、取締役会事務局を置いて、その人たちが社外取締役に情報提供したほうがいいと思います。ただ、私の場合は、先ほど申し上げたようにインフォーマルなコミュニケーションに気をつけているので、取締役会事務局がなくても不便さを感じたことはあまりありません。

社外取締役は、会社の命運にかかわる問題には体を張って介入すべき

冨山　和彦

冨山　和彦（とやま　かずひこ）

株式会社経営共創基盤　IGPI グループ会長

ボストンコンサルティンググループ、コーポレイトディレクション代表取締役を経て、産業再生機構 COO に就任。機構解散後、2007年に経営共創基盤（IGPI）を設立し代表取締役 CEO 就任。2020年10月より現職。株式会社日本共創プラットフォーム（JPiX）代表取締役社長。パナソニック株式会社社外取締役。経済同友会政策審議会委員長、財務省「財政制度等審議会」委員、同省「財政投融資に関する基本問題検討会」委員、内閣府「税制調査会」特別委員、内閣官房「まち・ひと・しごと創生会議」有識者、内閣府「総合科学技術・イノベーション会議基本計画専門調査会」委員、文部科学省「中教審実践的な職業教育を行う新たな高等教育機関の制度化に関する特別部会」委員、金融庁「スチュワードシップ・コード及びコーポレートガバナンス・コードのフォローアップ会議」委員、経済産業省「産業構造審議会新産業構造部会」委員など歴任。

〈インタビュー時の役職〉
パナソニック株式会社　社外取締役
東京電力ホールディングス株式会社　社外取締役

一〇年後、二〇年後の会社の姿に責任をもつ

――社外取締役としての心構えをお聞かせください。

冨山　株主を含むマルチステークホルダー（すべての利害関係者）に対して、社外取締役という立場で、一〇年後、二〇年後のその会社の姿に真剣勝負で責任をもつ。もたないのであれば引き受けるな、が私のスタンスです。それはＣＥＯの仕事だといわれるかもしれません。しかし、実際に執行するのはＣＥＯですが、ＣＥＯの選解任にかかわり、ＣＥＯが正しい変革をしようとしているときにバックアップするのは社外取締役の仕事です。社外取締役のミッションに会社の短期的な業績、たとえば四半期業績は関係ありません。社外取締役は、会社の長期的な命運にかかわるような事柄に責任を負うべきです。

表層的ではなく、本質的な問題点を、どう改良、改善していくか。ＣＥＯは瞬間、瞬間の意思決定をしなければなりませんが、もっと根幹的な会社のかたちをどうするか、どのようにトランスフォーメーション（変革）するかという問題があるのです。私は社外取締役として、ＣＥＯがいろいろな事件、事象のインプリケーション（含意）をとらえて、そうした仕

事をきちんとしているかがとても気になります。ROS（売上高経常利益率）一〇％目標というだけでは、絶対にそうはならない。目標でなくて、一〇％をクリアしない事業を二つや三つ、売却してみせないといけない。

この事業を売却するという決断が、長いレンジでどのような意味をもつのかを社外取締役は考えるべきです。あるいは、この事業の売却・廃止を見送ることが、会社にとってどういう意味をもつのかを考えなければいけない。会社がそう簡単に事業を売却できない事情はたくさんあります。しかし、そこでいい人になって、簡単に引き下がるのか、むずかしい判断をあえて迫るかで、会社の運命は変わるのです。

そうすると、社外取締役は過去に自分で事業経営、組織経営を経験した人のほうが望ましいということになると思います。そのような経験がなければ、社内の役職員の主張のうち、どこまでが言い訳で、どこまでが正当かの判断がつかないからです。経験上、解決可能な問題なのかどうかの相場観がわかっている人に対しては、社内の人たちも騙せないと思って、つまらない言い訳をしなくなります。社外取締役のなかで、そういう人が二人くらいいれば大丈夫です。長期のレンジで会社の未来に責任をもつことは、経営の経験者にしかできないのです。

新卒一括採用、終身年功の弊害

――長期的な会社の未来にかかわる事柄として、事業ポートフォリオのほかにどんなことがありますか。

冨山　私は新卒一括採用はやめろといっています。新卒一括採用で終身雇用・年功賃金のモデルはオペレーションには向いているが、イノベーションには向いていない。新卒一括採用、終身年功で働く組織は、組織が同質化、固定化します。ところが、イノベーション、特にディスラプティブ（破壊的）イノベーションのモードに入ると、ゲームのルールが変わって、これまでとまったく別の種目をプレーしなければならないような事態が起こりえます。新卒一括採用、終身年功の組織がそうした事態に直面したときに何を始めるかというと、パナソニックもそういう歴史ですが、野球選手にサッカーを練習させる。みんな運動神経がいいので、素人には勝てるが、フィールドに行くと、メッシやロナウド、つまりアップルやグーグルがいて、ずっと負け続ける。

さらに将来を展望すると、製造業、サービス業とも今後、会社にとって必要な機能は、現場のオペレーショナルなことをしている人たち、昔でいうブルーカラーと、ごく少数のエリートマネジメントとエリートデザイナーだけになって、他はいらなくなると考えています。デザイナーとは、アーキテクチャーとか、トップレイヤー（層）のデザインシンキングができる人たちです。マネジメントの仕事は人生経験とか、年功が若干必要ですが、デザイナーの仕事は経験より才能のほうが大切です。もっとも、マネジメントだって人生経験は四〇歳までで十分でしょう。

そうすると、年功型でマネジメントレイヤーを構成していると、必ず四〇歳以上に支払う報酬が過剰なオーバーヘッド（経費）になる。オーバーヘッドが重いから、収益力は下がる。日本の会社の営業キャッシュフローが乏しいのはそのためです。だいたい日本の総資産一〇兆円クラスの大企業は、毎年一〇〇〇億円単位で固定費が増えていく構造になっています。

そして、営業キャッシュフローが貧弱だと、イノベーションに向けたリスクの高い投資を実行することはできません。当たるも八卦当たらぬも八卦の投資は、エクイティファイナンス（新株発行を伴う資金調達）にするか、あるいは、営業キャッシュフローの範囲内で行わなければ危険です。営業キャッシュフローを超える分を借金で補わなければならないからです。なぜＧＡＦＡがあれだけ、訳のわからないことに金を使えるかというと、営業キャッシュフローが潤沢だからです。

大企業の事業部門をスピンオフすると、会社全体のオーバーヘッドを背負う必要がなくなって、とてもいい会社になることがあります。平均的な日本の大企業の売上高の二割くらいがオーバーヘッドですから、本来ＲＯＳ（売上高経常利益率）一〇％を叩き出せる事業が見事に二～三％になっています。そして、稼いだ金を成長投資に回すこともできず、だんだんと干上がっていってしまう。

会社に必要なマネジメントレイヤーを構成していく人たち、アーキテクチャーデザインができる人たちは、同じ世代に一〇〇〇人の従業員がいたら、そのうち一〇〇人もいません。会社はそれをごまかしながら人事をしているが、あとの九〇〇人の人たちは四〇歳くらいから意欲を失って、急速に抵抗勢力になっていきます。しかし、そういう人たちのなかにも、舞台を変えれば活躍する人はたくさんいるのです。

ブルーカラーで技能のある人に報いるには、通常、なんとか賞をあげて褒めてごまかすか、無理やり管理職に引き上げるしかありませんが、技能が高くても管理職に向いているとは限りません。メンバーシップのなかの階層に応じて報酬を支払うのではなく、やはり仕事そのものを正当に評価すべきではないでしょうか。ストラテジックマネジメントやアーキテクチャーデザインも同じです。実際、日本企業も海外ではそうしています。給料は毎回交渉で決めているのです。プロ野球選手と同じです。グローバル競争をするにはジョブ型化は必須です。

売上総利益が収益性の判断基準

——社外取締役としては、会社の低収益性を改善するために何ができるでしょうか。

冨山　会社にとって所与の事柄に疑問を投げかけて、こんな利益率でどうしたら未来に向けた投資ができるのだと言い続けるしかないでしょうね。社長が煮え切らないときには、最後はこの社長でいいのかということになりますが、私の経験では、だんだんいわれるのが嫌になって、やがて自ら事業撤退を言い出すようになります。前の年に、この事業はまだ黒字だが、こんな中途半端な再建策だと、来年赤字になるといっておくのです。次の年、いったとおり赤字になって、ほれみたことかということになるわけです。

しつこく言い続けると、社外取締役のほうがクビを切られることもありますので、社外取締役の報酬に依存している人は無理でしょうね。別に本業はなくてもいい。普通社長までしたら、生活に困らないくらいの金はもっているはずですから、問題が深刻化したときに、この人は本気で来るなという空気感を漂わせていないといけない。話がわかる人だと思われてはだめです。

本質的に、なぜ筋を通しているかというと、それは当該企業の長期的未来の問題について、クリティカルな態度で臨む必要があるからです。会社をトランスフォームさせる出発点はやはりガバナンスです。さっきいったようなタガをはめていって圧力をかけていくことで、変わるための行動をせざるをえないようにしていく。社長一人を悪者にせず、社外取締役の側がバッドコップ（悪い警官）役をしないといけない。

黒字か赤字かを事業の選択と集中のメルクマール（指標）にしている間は、いまの日本の問題は解決しません。捨てないから新しいことができないのだと、元小松製作所社長の坂根正弘さんがいつもいっています。やめることと新しいことをすることは表裏一体、やめないで増やしていくから、前線が伸びて投資が分散する。だから、黒字のうちに事業をやめることを考えなければだめです。

あえて形式的な基準を設定するとすれば、一〇年後にその会社の売上総利益（粗利）がどれだけ出ているかです。その会社が本当にしたことは売上げではなく、付加価値によって測ることができます。総利益から人件費が払われ、未来投資が行われ、税金を差し引いた後、株主への配当が行われる。ステークホルダーへの分配の原資は売上総利益ですから、総利益がマルチステークホルダーの共通指標になります。売上総利益が縮んでいるときに分け方の議論をするから、株主か従業員かという議論になるのです。

ところが、日本の会社は相変わらず売上高の議論が大好きです。売上高で考えている限り、事業の切り出しの発想は出てこない。経理の人も経常利益の議論は大好きだが、売上総利益の議論はあまりしない。逆にかつて私が社外取締役を務めたオムロンなどはGP（売上総利益）率をすごく厳格に管理しています。GP率が下がっていたら製造業は危ない。なぜみんなGP率に鈍感なのかと思います。粗利率が二〇～三〇%のビジネスは、営業利益率が一〇%を超えない。ここをきちんと管理しないから、プライシングがいい加減になるのです。

GP率四〇%を確保しろということにすると、仕入値を下げるか、売値を上げるかしかありません。しかし、仕入値には市場価格があるので、引下げには限界がある。いままでは原価低減運動と称して下請け叩きに依存してきたわけですが、サプライヤーが強くなると値引きなんか絶対に受け入れない。結局、プライシングをもっと真面目に考えざるをえないことになります。

――競争力がないと値上げはできないのではないですか。

冨山 たとえば、相手が自動車メーカーだからROS（売上高経常利益率）が三％以上は無理という。では、なぜデンソーのROSは一〇％なのか、なぜボッシュのROSは一五％になるのか。ROSが低いのは、ろくなものしかつくっていないからではないのか。だったら、やめたほうがいいというのが筋です。それは本来経営者がいわなくてはいけない。ところが、サプライヤーは生かさず殺さず、サプライヤーのほうも毎回仕事をくれるので値引きを受け入れてきた歴史がある。それをいきなり反故にして、これからは付加価値ベースのプライシングにして一個一万円で買ってくださいとはいえませんとなる。だから、日本の製造業は突き詰めていくと原価に薄利を加えた価格で取引する総括原価方式なのです。

――低収益率の事業を売却するときにいちばん大きいのはやはり人の問題でしょうか。

冨山 赤字でコアコンピタンス（核となる能力）がなくなっている事業をずるずると続けても、最後には何万人もクビを切ることになります。そんなことになる前に、事業を売却したほうがいい。あるいは、まだお金のあるうちに早めに撤退を決めて、仕事を失う人に一円でも多く払ってあげたほうがいい。仕事を失った人だって、見方を変えれば転身の機会を得たかもしれないのです。

でも、従業員の大半は同じ会社で六五歳まで過ごすことが善だと思っているかもしれませんね。同じように思っている経営者も多いかもしれませんが、事業が赤字であれば現実にそれはできないのです。私にいわせれば、真剣に、そこにかかわっている人間に寄り添っていないのです。目先のいろいろなフリクション（摩擦）とか、リパーカッション（反作用）だけ気にして、その人の未来の人生が二〇年、三〇年あることを本気で考えていない。

人を大事にするという意味が世代によって違っています。昭和の人にとって、理想は家族主義経営で、いったん雇った人は、ゆりかごから墓場まで、あくまで会社が責任をもつべきだと考えるし、それがいい会社の定義になる。これから令和の時代を生きていく人はそんなことは現実性がないのがわかっているから、とにかく、その会社にいたことが、自分の長い人生によいほうに作用してくれればいいと思っている。

社外取締役と監査役が機能すれば第三者委員会はいらない

――アクティビストファンドへの対応をどう考えますか。

冨山　社外取締役自身が、一〇年かけて取り組むべき会社のいちばんコアな課題は何かについて認識していないと、彼らの主張に対応できないと思います。私が知っている限り、的を射た株主提案で感動するものは一〇〇回のうち一回あるかないかです。超一流のアナリストのカバレッジ（業績の調査・分析）に基づく主張はウェルカムです。投資もしてくれるし、ただでコンサルティングもしてくれるわけですから。

長期保有とはいえ、彼らも株の売り買いはします。彼らが考えているベースライン（基準線）のイントリンジック・コーポレート・バリュー、いわゆる本質的な価値があって、株価がそれをオーバーバー（上方向への過熱）しているときは売りますが、だからといってカバレッジをやめるわけではない。株を売った後も株価の動向をみていて、アンダーシュート（下方向への過熱）したと思ったらまた買ってきます。

――社外取締役が身につけるべき素養はなんでしょうか。

冨山　最低限、簿記・会計とファイナンスは勉強してほしい。ファイナンスはビジネススクールの最初の三カ月間で学ぶ内容、β（ベータ）や資本コストの計算方法、バリュエーションの手法などです。会計も簿記二級程度のことは理解してほしい。社外取締役は経営陣を監督するのだから、経営に必要とされる言語をわかっている必要があります。経営陣とのコミュニケーションが成り立たなければ、監督のしようがありません。

加えて、会社法に関する基本的な知識が必要です。取締役会でいちばん偉いのは代表取締役だと思っている人がいまだに多いのですが、会社法をどう読んでもそうは読めない。株主総会があって、取締役会・委員会があって、取締役のなかから代表取締役が選ばれるわけですから、会社法上は明らかに監督する側である取締役会のほうが代表取締役よりも偉いのです。

また、会社法上、監査役は司法権にならって強力な権限を与えられています。独任機関であり、一人の判断で取締役の執行停止ができるのです。かつ四年間の身分保障がある。逆にすごく強い権限があるから、強い人にやらせてはまずいので、会社のなかでは取締役になれなかった人の残念賞の役職になってしまっています。

私は代表取締役の不正を見抜くのは、社外取締役では無理だと思います。社内に情報網をもっている常勤の監査役のほうがいいでしょう。しかし、常勤監査役が代表取締役に対抗しようと思ったら、元ＣＦＯとかチーフコンプライアンスオフィサーだった人が就任する名誉あるポストでなければいけない。コンプライアンスラインでプロフェッショナルとしての人生を歩もうと決めた人のゴールという位置づけにすべきです。監査委員だって情報を握るためには常勤でないと絶対に無理です。

監査役や監査委員にはスタッフも必要になります。オムロンではガバナンス構造の根本的な検討と敵対的買収の際に、それがオムロンの中長期的な企業価値の向上に資するか否かを判断するために社外取締役によるコーポレートガバナンス委員会をつくりました。フェアネスオピニオンレター（公正性・妥当性に関する表明）をとらなくてはならないので、億円単位の予算をもっているのです。

不祥事のときもいきなり第三者委員会をつくるのではなく、本来は監査役と社外取締役で独立委員会をつくり、外部のフォレンジック（調査）のプロを雇って調査すべきではないでしょうか。いまは安易に第三者委員会をつくりすぎです。第三者委員がいきなり来て、会社のことをすぐにわかるわけがない。社長の選解任の問題、敵対的買収提案、会社を揺るがすような不祥事が起きたケースでは、社外取締役が社内調査をやるべきです。

内輪の人だけだと筋が通せない場合、事なかれ主義で先送りになりそうな場合に、社外取締役の真価が問われます。こんなことしていたら会社が潰れるといえるかどうかです。M&Aや大きな設備投資など、会社の基本的な構造や命運にかかわるときは介入しなければいけない。しかし、そうではない問題のときは、はっきり言って寝ていればいい。執行部で決めればいいのです。

社外取締役が本当に体を張って介入しないといけない場面は年に一回あるかないかです。私も三年に一回くらいしかなかった。あるニッチトップ型の会社で顧客の要求を受けて大きな工場をつくる話が出たときは、その顧客がサプライヤーにリスクを押し付けるので悪名高いことと、その事業が大量生産大量販売型でその会社の得意ではないビジネスモデルだったので納得がいかないといって、取締役会決議が延期になりました。計画を練り直している間に、顧客が別の技術方式への転換を発表したものだから、投資は途中で中止になりました。会社の命運にかかわる問題が浮上したとき、社外取締役のうち一人か二人は厳しいことがいえる人でないと、会社を潰してしまいます。

企業価値とは、全ステークホルダーからの信頼の総和

坂根　正弘

坂根　正弘（さかね　まさひろ）

武田薬品工業株式会社　社外取締役
鹿島建設株式会社　社外取締役

1963年株式会社小松製作所（コマツ）入社、工場、本社社長室を経て1989年同社取締役に就任。1990年小松ドレッサーカンパニー（現コマツアメリカ株式会社）社長、1994年株式会社小松製作所常務取締役、1997年同社専務取締役、1999年同社代表取締役副社長、2001年同社代表取締役社長、2007年同社取締役会長、2013年同社相談役、2019年～同社顧問（現任）。野村ホールディングス株式会社、野村證券株式会社、東京エレクトロン株式会社、旭硝子（現 AGC）株式会社の社外取締役を歴任。2014年～武田薬品工業株式会社社外取締役（現任）、2015年～鹿島建設株式会社社外取締役（現任）。

〈インタビュー時の役職〉
武田薬品工業株式会社　社外取締役
鹿島建設株式会社　社外取締役

知行合一

――社外取締役の心構えはどうあるべきでしょうか。

坂根　私はいままで一年間だけですが、同時に五社の社外取締役を務めていたことがあります。さすがに五社は多すぎで、三社が限界だと思います。

好きな言葉は「知行合一」、知識と行動があわさって一つという意味です。結局、自分で経験して身につけたものがベースにないと、社外取締役として思い切った発言はできません。

これから企業経営にＳＤＧｓやＥＳＧの視点と社外取締役の増員が求められるなかで、いろんな分野で「知行合一」の経験をもとに助言できる人が求められています。また、社外取締役の経験を積むことで能力も高められると思います。したがって、本日のインタビューもすべて私自身がコマツと社外取締役として経験した「知行合一」で得た具体的な話をします。

私はどの会社の社外取締役を引き受けるときも、いいたいことは遠慮なくいうこと、社長の批判になるようなこともいわせていただくことを前提にしています。

ある会社の取締役会で、私は今年度の予算計画は認められないといったことはいまでも同社内で語り草になっているそうです。これは極端な例ですが、まずは社外の人がボードに存在するだけでも、こんなことといったら「それはあまりに内輪の論理だろう」と思われるのではないかといったけん制役になるはずです。いずれにしても、社外の人がいいたいことを伝えられないボードはそれだけで失格ですね。

企業価値とは全ステークホルダーからの信頼度の総和である

――やはりコマツでの経験がベースになっているのでしょうか。

坂根　「経営」とは限られた資源を有効に使い、顧客価値を創造し、最大限の収益を継続的に生み出すこと、そしてそれをバランスよく各ステークホルダーに分配することです。

欧米の会社を含めて企業価値をどう考えるか共通の考え方がみえていないように思います。株主価値イコール企業価値ではありません。売上げ、利益はもちろん、配当や自社株買いの原資もすべてお客さまからいただいています。その原資を増やさない限り、誰にも分配できません。多くの産業や業界において、ＳＤＧｓ、そしてＤＸ社会やＣＡＳＥ社会の到来で、これまでの顧客の対象と顧客が求める価値が大きく変わりつつあることと、各ステークホルダーへの分配の考え方が変わるなかで、いまあらためて企業価値の本質を考える重要なタイミングなのだと思っています。

すべてのステークホルダー、つまり、社会、顧客、株主、金融機関、メディア、社員、協力企業からどれだけの信頼を得ているかを定量的につかめたら、間違いなくそれが企業価値になると思います。

幸いなことに、株式時価総額はそうした意味での企業価値を業界内の相対評価として反映してくれる唯一のきわめて大事な指標ですが、株式時価総額は結果でしかありません。

企業価値、すなわち、ステークホルダーからの信頼度を上げるためにはどうすればいいか。すべての出発点はお客さまにあるから、製品やサービスの顧客価値を上げて適切な対価を得ることです。

どの業界も多くの会社が製品の値段を上げずにシェア競争をして、ステークホルダーへの分配を少なくしているのがいまの日本企業です。この競争状態から脱却しようと決めたことが、コマツの出発点でした。そのために、この二〇年間「環境・安全・情報通信技術」をキーワードに、ダントツ商品、ダントツサービス、ダントツソリューションを目指した活動をずっと展開してきました。

ダントツであるためには、どの市場、どの事業や商品・サービスを選択し、集中するかを決めなければなりません。私は二〇〇一年にコマツの社長になって、すでに世界で一位か二位になっているか、なれる可能性のある事業は続けるが、そうでない事業は全部やめると宣言をして、二万人の社員全員から希望退職を募りました。結果的にいまでは売上げ約二・五兆円のうち九割が世界一位か二位で、三位以下は一割になりました。

雇用に手をつけなければならなくなるので選択と集中を思い切って改革できないことが、日本企業の最大の問題です。その結果、いろいろなものに手を出して、最悪のケースでは収益のあがらない事業をどうするかばかり考えて、そのために投資をしたり、M&Aをしたりする。

私は武田薬品工業の社外取締役になって最初に「選択と集中戦略のない世界一八位の会社は生き残れない。どこかに集中すべきだ」といいました。当時の社長の長谷川閑史氏から、クリストフ・ウェバー氏が社長になるので、私にもボードのメンバーに参加してもらいたいということでした。私と同じタイミングで武田に加わったウェバー氏もまったく同じ意見で、対象事業を癌、消化器系、中枢神経等に絞ることになりました。

その時に私は「武田のお客さまは誰ですか」と聞きました。製薬会社は、患者に投与する薬を決めるドクターや薬価を決める国のほうばかりみていますが、本当のお客さまは患者のはずです。どうせ世界一八位なら、急がば回れで治療法が確立されている分野の薬ばかり開発するのではなく、治療法がわからない分野の薬を開発していくという本来の使命からスタートしたほうがよいのではないかと問題提起をしました。

そこで、武田は三つのことを行いました。一つ目に、グローバル市場とその規模に対応するため、リーダーシップチームと経営をグローバル化しました。二つ目に、R&Dの機能を再編しました。いくつかの疾患領域に注力し、アメリカに研究センターを、神奈川県の湘南地区にオープンイノベーションセンターを設立しました。そして三つ目は、前述の二つを行うことで可能となった、今回の約六兆円をかけたシャイアー社の買収です。同社は、希少疾患、難病分野で世界トップレベルです。しかも、アメリカで六割の売上げをあげています。武田と同じ一・七兆円の売上げの会社を買収することは大変な投資ですが、いまからメガファーマに対抗していくにはアメリカにおけるビジネスとR&Dの基盤をしっかりしたうえで彼らと同じ戦略で戦うのではだめだと決心したのです。
　私はグローバル経営において、世界のグループの人たちを一つにまとめていくうえで、この後に述べるコマツウェイのようなものが必要だと考えています。多くの日本企業はこういったものをもっており、特に武田は創業以来こうしたものを大事にしてきた会社です。この点も差別化戦略だと考えています。

顧客にとってなくてはならない会社になれるか

――会社が継続的に顧客価値を増やしていくことは容易ではありませんね。

坂根　コマツでは歴代の社長が六年で交代しているので、私も六年で交代しようと考えました。社長になって五年目くらいに、社長を交代するにあたって、会社が代を重ねるごとに強くなっていくためには、どのような価値観をもち、どのような社内の体制、仕組みをつくったらいいかを考え始めました。
　そこで、会社の価値観だけでは念仏になるので、それを実現するためにどういう行動様式をとるべきかまで規定したコマツウェイをつくりました。現在のコマツウェイは本体だけで一二〇ページで、一二カ国語に翻訳されており、代を重ねるごとに内容が拡充されています。

コマツウェイの第一章はＥＳＧ（環境、社会、ガバナンス）対応、第二章がモノづくりのＴＱＭ（トータルクオリティマネジメント）、第三章が顧客価値創造活動とブランドマネジメントになっています。私が第一章を書き、第二章は次の社長の野路國夫さんにまとめてもらい、第一版は私が社長の最後の年、二〇〇六年に発刊しました。その後、第三章は野路さんの次の社長の大橋徹二さんが引き継いで完成させました。いまは小川啓之さんが社長ですが、一つひとつ積み重ねていまのコマツウェイができあがっています。

先ほど企業価値とはステークホルダーからの信頼度の総和だといいましたが、ステークホルダーのうち社会と顧客、株主、金融機関、メディアの四つは企業価値を評価する人です。社員、協力企業、販売・サービス代理店の三つは企業価値を自らつくる人です。そして、いちばん大事なのが顧客で、顧客をともに企業価値をつくる存在に取り込めたらこれほど強い味方はない。信頼度の総和をもっとわかりやすくいうと、ステークホルダーにとってコマツでないと困る度合いといってもいいと思います。

では、お客さまにとってコマツでないと困る度合いを高めるために何をしたらいいかというと、ダントツ商品を出したらいいわけですが、五、六年経つと競合メーカーが同じような商品を出してきます。そこで、ダントツサービスを目指すことになります。二〇年前からコマツの建機にはGPSを搭載して、世界中の機械がどこにあり、エンジンが動いているか止まっているか、エンジンの調子はどうかなどがわかります。先週一週間、各建機のエンジンが何時間動いていたか、そして実際に仕事をしていたのはどのくらいかが地域ごとにわかるのです。五年ほど前から競合メーカーが類似のサービスを出してきましたが、コマツではすでに全世界で動いている機械のほぼすべてについているので、当分の間はリードを保てると思います。

さらに、これなら絶対にお客さまが離れないだろうというビジネスを目指しているのがダントツソリューションです。土木現場でドローンを飛ばし、地形をカメラで写して三次元データ化し、自動運転の機械に三次元データをインプットしたら、オペレーターが手を離していても自動で整地をしてくれる。これを六年前に始めていま国内で一万箇所を超える土木現場のデータが集まっています。そこまで行くと、お客さまにとっては機械よりもコマツがもっているクラウドに溜まったデータに価値を見出すことになります。

コマツウェイの第三章のブランドマネジメントは大変重要です。われわれの定義では、セールスはできたものを売った・買った、マーケティングはニーズにあったものをつくって売る、ブランディングは売れ続けるための戦略です。お客さまとの関係を、取引から関係性に移行させる。お客さまは顧客価値を評価して物やサービスを買ってくれるが、どうしたらともにつくる人の関係になれるかが大事です。勝者になるには、ビジネスモデルで先行して現場力勝負へ持ち込む。日本の得意な現場力を、ものづくりの現場からお客さまの現場にまで広げることだと思います。

先ほど紹介した約一万箇所の土木現場の三次元データ化というのは、約一〇年前に自動運転の機械ができたことがきっかけでした。それまでの一〇メートル、二〇メートルおきに測量してつくった土木図面をデータ化したものでは機械は動かない。どうしたら三次元データができるのかと社内で議論をしていたら、たまたま社内にステレオカメラを研究している人がいたので、それを試しに使ってみようということになりました。だが、人が空中からステレオカメラで地上を写すわけにはいかないので、種々模索しているときにドローンが登場したわけです。

ドローンにカメラをつけて写真を撮影し、その後三次元データをつくるために、国内でいろいろな会社に当たりましたが、課長クラスが出てきて部長に相談してみますという感じでなかなか前に進みませんでした。ところが、アメリカ西海岸のスカイキャッチという会社にコンタクトしたら、トップ自ら動いてアメリカの半導体メーカーのＮＶＩＤＩＡを巻き込んで自分たちがドローンを使った三次元データの作成を引き受けると申し出てくれました。

人間が測ると二人がかりで二週間にせいぜい一〇～二〇メートル間隔のデータが一〇〇〇箇所が限度ですが、ドローンを一時間飛ばすと二～三センチメートル精度で一〇〇〇万箇所の測量ができます。最初は今日とったデータが明日の朝フィードバックされるというスピードでしたが、いまでは現場にエッジコンピュータがあって二〇分後に結果が出てきます。いまではこれを一〇分にするといっています。もうまるっきり会社の対応スピードが違うのです。

こうしたことが進んでくると、土木現場を測量するのもコマツ、施工図面を書くのもコマツ、機械に手順を教え込むのもコマツということになります。そして、いまでは現場から土砂を搬出するダンプトラックの手配や料金決済も可能になってきています。

いまＮＴＴドコモと、ヨーロッパのＳＡＰと、佐賀大学発のベンチャーのオプティムという会社の三者がタイアップして「ランドログ」というデータ活用のベンチャーを立ち上げています。

われわれ日本はＧＡＦＡのような巨大なデジタルプラットフォーマーでは後れをとりましたが、前述のように個々のビジネス分野における現場力を生かし、価値あるデータをビジネスにする「データ―プラットフォーマー」分野においてはチャンスがあるように思います。

企業価値向上のために社外取締役が果たすべき役割

――社外取締役としてはどのような点に気をつけていますか。

坂根　先ほどの「あなたにとってお客さまは誰ですか」という話が出発点です。特に現在のようにデジタル化でつながる社会（ＣＡＳＥ）になると前述の建設現場のように、これまでの建設機械を使う下請け企業がお客さまであったものが、建設現場全体相手に変わってきます。

次にガバナンスについては、取締役会を活性化してくださいといいます。そのためには取締役会の人数を少人数にし、社外取締役比率を高め、ラウンドテーブルにして活発な意見が出るようにしたほうがいい。また、取締役会の議題は必ず、報告、討議、決議に分けてくださいといっています。いきなり決議に入られても、われわれ社外取締役は何をいったらいいかわからないので、必ず討議の段階を踏んでくださいと要求しています。それから、取締役会の冒頭でCEOが先月一カ月間で何が起こったかをレポートしてくださいといっています。その際にはバッドニュース・ファーストです。まず最初に私は「本当にバッドニュースを全部つかんでいる自信ありますか」「どうやってつかんでいるのですか」と聞きます。

コマツでは、日本国内はもちろん、全世界の子会社がマンスリーレポートを、たとえば一一月が終わったら、一二月の前半にあげていました。私が社長になったときには、業績と、大口の商談がとれたとかいうグッドニュースを最初に書いていました。そこで私は、バッドニュースをまず書きなさいといいました。第一に環境・安全・コンプライアンスにかかわること、第二にお客さまのもとで起きている品質問題のうちで大きなもの、第三にお客さまに届ける故障対応の補給部品の納入状況です。補給部品を待っているお客さまに新車を売る必要はない、いくら注文をもらっても、まず補給部品を届けなさいといったのです。そして最後に業績です。

三点目はリスクの処理を決して先送りしないことです。子会社は事業の先行きを厳しくみて、簿価と比べて現在価値が小さい場合は減損処理しなさいといいました。

コーポレートガバナンスとして注意すべきことの最後は、これが長期的に最も大事なことですが、社長をはじめとした幹部社員の後継者育成です。コマツでは上位の部長以上は自分の次だけではなくて、次の次までサクセッションプラン（後継者育成計画）をつくり、人事部長経由で社長に上げることになっています。これを年に一回更新します。次の次になると、かなりジェネレーションが下がりますが、専門性ではなく、部下に対して差別がなく、かつ有言実行だとか人間性が評価されることになります。次の次というのがものすごく大事です。こういうものがないと、たとえば社内の人材育成計画をつくるにしても、誰をどこに海外駐在させたらいいか、どういう仕事をさせたらいいかがわかりません。こういった人材育成のベースがあって、ＣＥＯのサクセッションプランが本物になっていくのだと思います。

——選択と集中のために社外取締役はどのような役割を果たすことができるでしょうか。

坂根　社外取締役が事業の選択と集中の必要性を指摘しても、それを実行できる会社はきわめて少ない。必ず大きな痛みを伴うからです。それでもアメリカのように頻繁にリストラをこの国ではできませんから、一回の大手術に耐えられる体力があるうちにやるべきです。

――そういう場合はどういう方法がありますか。

坂根　事業を売却できれば、自ら雇用に手をつける必要はありません。コマツでは少々安売りだといわれても、日本市場のなかでもトップグループに入れていない種々の子会社を売却しました。買い手がいるのなら、こちらが持参金をつけてでも買ってもらったほうがよいという判断でした。判断の基準は、その事業がコマツ内部に存在しているのと、相手側に移ることで、どちらが将来発展していく可能性があるかだと思います。冷淡なようですが、その事業で働いている人のモチベーションは、自分たちの事業がこの会社にとって主力事業だと思えることだと割り切りました。

――大きな投資を決めるときに社外取締役が後押しすることもあるでしょうか。武田薬品工業がシャイアー社を買収したときの会見にクリストフ社長と一緒に同席されていましたが。

坂根　二〇一七年六月に取締役会議長になり、その直後にシャイアー社買収の話が取締役会に上がってきて、私は最初反対したのです。せっかく三分野に絞ったのに、その三分野に相当するビジネスがシャイアー社には一〇～一五％くらいしかない。大きなシェアを占めるのは希少疾患、難病でした。こんなに戦略領域が違うものを買ってどうするのかといったのですが、医薬品はアメリカが世界の四割を占める圧倒的なマーケットです。シャイアー本社はアイルランドにありますが、ビジネスはアメリカを基盤にしている。しかも、よく調べたら、世界ではUnmet medical needsというのですが、治療法がわかっていない難病、希少疾患の治療法を解明することに取り組んでいる。これは武田の再出発にふさわしい、医薬品本来の使命なのではないかというふうに考え直しました。後は武田の財務体力が耐えられるかという判断で、借入金を三～五年程度で正常に戻せる見通しができたから買収を決心したのです。

投資家は、経営陣だけが独走し、取締役会がまったく反論もしなくて大型買収に踏み切ったのかという疑問をもっていて、私の意見を聞きたいということだったのでしょう。株主総会でも、私は当初反対だったが、最終的にはアメリカ市場とUnmet medical needsは武田が再出発するための出発点なので積極的に同意したと説明しています。武田が仮に世界でトップ一〇に入るアメリカの事業基盤がしっかりしたメガファーマであったら、私は買収には賛成していません。世界一八位がメガファーマと戦って行くためには何かで差別化し、ダントツ性がないとだめというのが出発点だったのです。幸い、二〇一九年一月に買収を完了して今日まで結構よい結果が出ています。もちろん投資負担でボトムラインはまだ悪いが、シャイアー社買収以前のR＆D改革で強化したアメリカの研究成果もあって新薬のパイプラインが豊富に積み上がってきているので、新しい武田の将来に自信を深めつつあります。

雇用問題が日本企業の最大の壁

――日本企業全体のコーポレートガバナンスの課題はなんだと思いますか。

坂根　いちばんの根本問題は雇用問題です。アメリカのように頻繁に雇用調整するのも問題ですが、日本も終身雇用制度は根本的な問題をもっています。私が一九九一年にアメリカで五〇：五〇の合弁会社の社長になった時は大不況で、先方が五つの工場をもち、当方はテネシー州のチャタヌガに一つの工場をもっていました。私はアメリカ流儀に従って彼らの五つの工場のうち、三つを閉鎖しました。いちばん大きい工場の労働組合は自動車組合のUAWだったのですが、ものすごい抵抗にあうかと思ったら、意外とすんなり条件交渉になりました。ああ、これがアメリカなのかと思いました。もちろん、アメリカ社会ですから訴訟問題は多くありました。

一方、テネシー州チャタヌガの工場は日本式に整理解雇はせず、給料の七割を払うから五カ月間休んでくれということにしました。半年後くらいに景気が少し戻ってきたので、勤務体制を元に戻しました。地元社会の人たちからは、日本式経営は素晴らしいと評価されました。

ところが、それから一、二年経つと、アメリカの景気が急回復しました。ほかの工場はどんどん設備投資をして人を増やしているのに、チャタヌガの工場は人を増やして景気が悪くなったらまたみんなで休まないといけないから、最低限必要な能力に据え置いて、オーバーフロー（上限を超える）する注文は日本とタイから輸入することにしました。その後チャタヌガは誰も辞めず、工員がどんどん歳をとる、新規投資をしない工場になりました。

その後、隣のサウスカロライナにつくった新工場はアメリカ式で経営しました。そしてチャタヌガもアメリカ式に変わりました。

チャタヌガの教訓はいまの日本をみているように思えます。本来、雇用調整ができれば新規投資もできたはずのものが、じり貧に向かっているようです。

コマツで私は一回だけ希望退職を募集させてくれ、一回の大手術で健康体に戻るといいました。私が二〇〇一年に社長になったときに、コマツの販管費、つまり固定費の売上げに占める比率は二四％でしたが、世界トップのアメリカの競合メーカーは一八％で、コマツより六％ポイント低かった。これが彼らの営業利益率とコマツの営業利益率の差につながっていました。稼いだ粗利率が同じなのに、固定費をたくさん使っている分だけ利益が出ていない。なぜ固定費をたくさん使っているかというと、雇用維持の目的もあり、いろいろな事業に手を出したり、何でも自前でやろうとするからです。ちょっとした販売用のマニュアルも社内の子会社がつくるし、コマツソフトウェアという子会社をつくって会計経理の仕組みもみんな自前でつくっていました。こんなことをしていたらだめなので、ＩＴの仕組みは、基本的にどの企業にもある間接業務は既製服を着る。実はこのＩＴの改革は私の前任の安崎社長時代に着手し私が社長になった時はすでに実用段階に入っていました。

その後、私が社長を退任するときの営業利益率は米国競合メーカーを上回りました。ベースになったのはコスト競争力です。

レイオフができれば、現場コストは変動コストなのです。日本はレイオフできないから変動コストといえない。しかし、当時、雇用調整できるかできないかは別にして、現場のコストを変動コスト扱いにして試算してみたら、当時のレート一ドル一二〇円で日本のコストを一〇〇とすると、アメリカ一三〇、中国一一〇という結果になりました。圧倒的に日本が安い。われわれの場合は自動車などと違い中量生産品ですから、エンジンのような主要コンポーネントは世界一極生産になります。したがって、中国では国産化率は五〇％くらいにしかできませんので、いまでは中国のほうが安いですが、大差ありません。アメリカとブレイクイーブン（五分五分）になるのが、一ドル八〇円です。だが、実際には一ドル八〇円時代も日本のほうが安かった。円高に対応していろいろな工夫をするからです。だから、変動コストだけなら海外に負けていない日本企業は多いはずなのです。それなのに日本のコストは高いと思い込んで海外に逃げ出して、日本で投資をしない会社が多いのです。

一方、建設機械の場合、販売価格の国際比較をすると、変動コストの差以上に日本は安い。だから国内向け収益は低くなっています。おそらく他の業界でも似たような状況なのではないでしょうか。

一九八〇年代以降、約三〇年間日本に工場をいっさいつくらなかったこのコマツが、二〇一九年までの七年間に限ると日本にしか工場をつくっていません。日本の売上比率は一五％ですが、生産の比率はもう四〇％になっています。ただ、これが成り立っているのは、非正規社員制度が日本で一般的になってきて、コストの変動費化がある程度できるようになってきたからでもあります。

だから雇用調整で苦労してきた私の立場からいえば、同じ仕事内容・能力の非正規社員には正社員以上のお金を払ってもよいくらいの気持ちです。雇用調整の役割を担ってくれているのだから、正社員のユニオンにはあなたたちの雇用は非正規社員によって守られているといってきました。それなら、非正規の人たちに正社員になるチャンスも与え、期限がきて雇用延長できないときの手当など、最大限の配慮をすべきです。

最後にあえて率直にいわせていただくと、この国は雇用問題についても、きれいごとの建前論を続けている間に全員が貧困化に向かっているように思えます。雇用維持を最重要価値観として考え、コストの変動費化を困難にする仕組みの国は、結局、前述したチャタヌガ工場のように雇用を増やす投資が行われず、労働の流動性のない、高齢化の進む社会になっていくということをこの国は早く悟るべきです。会社の内部留保問題もその一部はこういった要因の結果ではないでしょうか。

繰り返しになりますが、何事も大きな改革をするときは、一時的な痛みを伴うものです。雇用調整のむずかしい日本においては、体力があるうちに一回の大手術で健康体に戻るべく取り組むことです。これは改革を本気で実行しようとするトップと、これをサポートするガバナンスのしっかりした取締役会があって初めて実現するものだと思います。

第3章 取締役会議長として

会社のガバナンスを働かせるうえで、取締役会でどのような議題を議論するかは非常に重要である。そのため、開催頻度や審議時間、アジェンダセッティングの検討に深く関与できるよう、社外取締役が取締役会議長を務めることは有効な手段である。また、経営陣と非公式な意見交換の場を設けたり、他の社外取締役への評価のフィードバックを行うなど、社外取締役の代表としての役割を発揮することも求められる。

本章では、取締役会議長としてどのようなことに留意すべきかについて紹介したい。

執行側も監督側も、お互いの役割の違いを理解する

松﨑　正年

松﨑　正年（まつざき　まさとし）

コニカミノルタ株式会社　取締役（取締役会議長）
いちご株式会社　社外取締役
株式会社野村総合研究所　社外取締役
株式会社 LIXIL　社外取締役（取締役会議長）

1976年小西六写真工業株式会社（現コニカミノルタ株式会社）入社。コニカミノルタ株式会社執行役、常務執行役を経て2006年取締役就任。2009年代表執行役社長、2014年～取締役会議長（現任）。2016～2020年日本板硝子株式会社社外取締役、2016年～いちご株式会社社外取締役（現任）、株式会社野村総合研究所社外取締役（現任）、2019年～株式会社 LIXIL グループ社外取締役（現任）。ビジネス機械・情報システム産業協会代表理事会長を歴任。2018年～日本取締役協会理事・副会長（現任）、同協会「取締役会の在り方委員会」委員長（現任）。

〈インタビュー時の役職〉
コニカミノルタ株式会社　取締役（取締役会議長）
いちご株式会社　社外取締役
株式会社野村総合研究所　社外取締役
日本板硝子株式会社　社外取締役
株式会社 LIXIL グループ　社外取締役（取締役会議長）

ガバナンスリスクを把握する

――社外取締役としての心得、あるべき姿を聞かせてください。

松崎　そもそもガバナンスとは、会社の持続的な成長と企業価値向上を支えるための仕組みです。社外取締役の役割は、経営者が会社の持続的成長や、企業価値の向上にかなう経営をしているかを、投資家やステークホルダーにかわって確認することです。確認するとは、説明を聞いて、腑に落ちないことがあれば、質問をして腑に落とす。そのうえで、もし軌道から外れていれば、方向を変えたほうがよいという指摘をし、軌道に乗っていればその方向を後押しする。あるいは、方向はあっているが、実行上このことに気をつけたらどうかという助言をする。日本語だと監督、英語だとオーバーサイト。全体を俯瞰する立場から考えを述べる。これが、社外取締役の役割です。

その意味で、企業価値を高めることからみて、違うと思ったら勇気をもって制することが、最も重要です。その勇気をもっているかどうかが、大事なのです。それは、攻めのガバナンスでも守りのガバナンスでも同じです。なんらかの事件が起きて、社外取締役が機能していないではないかと、世の中を騒がせている会社もありますね。共通する疑問は、社外取締役が制すべきは制するということをきちんとしていたのかということです。会社が変化を求められるときに、いまはよいが、変わっていかないといけない、リソースの配分を変えるべきだということをきちんと指摘することが大事です。

——そのための社外取締役の資質を教えてください。

松﨑　私自身にとって役に立っているのは社長、ＣＥＯとしての経験であり、社外取締役の入った取締役会を運営する議長としての経験です。何社か社外取締役をやってきて、その経験が生きているわけです。資質という言い方はむずかしいですが、私が社外取締役として、いちばんに心がけていることは、その会社特有のガバナンスリスクを把握することです。

たとえば、親子上場している場合の子会社の経営陣は、潜在的に親会社に遠慮した意思決定をするリスクがあります。したがって私は社外取締役として、この決定は一般の株主にとってよいことか、という観点で、決定の妥当性を判断します。あるいは、「親会社への売上比率が以前と比べ減ってきていますが、そのことと、親会社の持ち株比率とのバランスを一般の株主はどうみていると思いますか」と質問します。

また、創業者やそれに近い人が経営してきた会社の場合、社長をはじめいまの経営陣は創業者にいわれたことを素直に聞こうとするリスクがあるわけです。したがって、経営者が物事を自分の頭で考えているか確認する必要があります。

さらに、比較的規模が小さい会社はフレキシブルに動けるのがよいところですが、継続して実績を残すには秩序が必要です。そこで、フレキシビリティと秩序のバランスに注意します。あるいは、「いまはいいけれど、このビジネスモデルがずっと続くのでしょうか」という問いかけをします。いまはそれなりにキャッシュを生んでいても、次の成長エンジンに対する備えがないといけませんので。

このように、それぞれの会社にガバナンスリスクがあるわけです。それらを承知したうえで、そこに注目して監督の役割を果たしています。ある意味、監査法人と同様に、職業的な懐疑心が必要なのです。

――ガバナンスリスクを把握するためには経営の経験が必要でしょうか。

松﨑　少なくとも、経営者の経験は必要だと思います。一方で、取締役会にはいわゆる視点の多様性が求められます。持続的な企業価値向上に向けて、会社が正しい方向に行っているかをみるのに、違った視点というのは必要だと思います。たとえば、M&Aをするときには、投資家としての視点が必要です。経営者でなくても、投資家の立場で企業経営をみている人ならいいかもしれません。また、指名委員会等設置会社や監査等委員会設置会社の場合は、監査の役割があるから、会計に通じた人がいないといけません。

コニカミノルタの取締役会でも、私は自社の経営をやった経験から判断しますが、違う視点からの意見をいっていただいて、非常に参考になっています。当社の指名委員会では、新しく社外取締役候補を選任するときに、ほかの社外取締役との得意分野や経験のバランスを考慮します。また、在任期間は最大でも四年という原則を定めていますので、就任して向こう四年の間の当社の経営上の重要テーマとなる分野でよい目利きになる人は誰かという観点から社外取締役候補者を決めています。

社外取締役の役割を明確にし、経営陣との間でお互いの役割分担について理解し合う

――会社側はどうすれば社外取締役を企業価値向上に活かせますか。

松崎　私はいま四社の社外取締役をしていますが、就任依頼をお引受けするか否かの判断のときにいちばん大事にしているのは、その会社に社外取締役に入ってもらってガバナンスをよ

くするという気持ちがあるかどうかです。そうでなかったら、入ったところで「余計なことというな」ということになってしまいますから。第二に、私に何を期待しているか明確であることです。いま私が社外取締役をお引受けしている会社はすべて、この点が明確です。LIXILの場合には、ガバナンスを再構築したいということでした。別の会社は、グローバルに事業を展開し、経営改革を進めてきた経験を生かして発言をしてほしいといっています。第三に、私の場合にはモニタリングボードでないと、正直社外取締役になっても何をしたらよいかわからない。社外取締役がマネジメントボードの取締役会に入って、どういう役割を果たしたらよいのか。事業がわからない人に取締役の役割が果たせるのかという意見をいう人もいますが、マネジメントボードだとそれが期待されると思います。

執行側と監督側の目的は同じです。その会社の企業価値を高める、持続的な成長を実現するという目的を果たすために、違う役割があるということをお互いがきちんと理解することが大事だと思います。監督側はうるさいことをいうけれど、これは役割でいっているのだと、監督される側には割り切って理解してもらいたい。執行側はよかれと思ってやっているけれども、数字に責任を負う以上、放っておくとどうしても短期志向になってしまって長期のことが後回しになりがちだから、そこをあえて突くわけです。無用な衝突を避けるためにも、立場の違いをお互いが理解していることが大事だと思います。

――社外取締役としては、どういったことを会社に対して要望していますか。

松﨑　一つ例をあげれば、それぞれのリスクについて年に一度、ＰＤＣＡを回しているという報告はありますが、今後は、リスクの報告に関して、経営者の視点でどう対処しようと考えているのかを有価証券報告書に記載することが求められます。そこで、「今日聞いた報告では、それぞれの人たちが担当する範囲でのオペレーショナルリスクしかわからない。取締役会として押さえておくべきは、全社的な経営リスクです。全社的な経営リスクを経営者の視点で報告してください」と要望しています。

社外取締役の選任プロセスが公平であることの効用

――コニカミノルタで社外取締役を選任するメカニズムはどうなっていますか。

松﨑　次の株主総会に向けて、指名委員会ではいまの人数でいいのか、増やすのかという議論をします。いまの人数でいいということなら、たとえば、一名退任するのなら一名新任が必要になります。そこで、先ほどいったような観点から、どういう要件を備えた人を求めるのかを決めます。たとえば、会社の次期のテーマがＤＸなら、その分野の目利きになる人、監査委員長が退任する予定なら、その後任になりそうな人、グローバルなタレントマネジメントが重要なら、その分野の経験がある人にしようといった議論をします。そうして要件を決めたら、それぞれの指名委員が候補者の推薦をします。執行側の社長にも推薦者を出してもらいますが、社長が推薦した人がそのまま通るというわけではありません。推薦者が集まって、そのなかからどの人がよいか、順番を決めてお願いにあがるわけです。

ここで大事なのは、社内の特定の人に頼まれて社外取締役になっているわけではないということです。たとえば、会長に頼まれて、社長に頼まれてということになると、それを引き受けた時点で先ほどいったような制するべきときに勇気をもって制するということがむずかしくなると思うのです。執行側の行動を、勇気をもって制する、あるいは、この事業はもうやめたほうがいいといえるためには精神的な独立性が必要です。辞めてくれといわれてもかまわないと、腹をくくれることが大事です。ＬＩＸＩＬでは、社外取締役候補の選任について、コニカミノルタと同様のプロセスを導入していこうとしています。

――社外取締役同士、あるいは社内取締役と社外取締役の間で役割分担がお互いに理解できていると、取締役会の議論が活性化すると思うのですが。

松崎　コニカミノルタの指名委員会には、私が社内取締役として入っていますが、後のメンバーはみんな社外取締役です。取締役候補者選考の過程で、社外取締役候補者の経験や得意分野を共有しますので、社外取締役は必然的に自分が何を期待されているかがわかると思います。

社外取締役同士のコミュニケーションについていうと、委員会設置会社は取締役会のほかに委員会があり、そこでは取締役会よりも人数が少ないので、自由なコミュニケーションがとれるということがあると思います。また、コニカミノルタもそうですが、社外取締役の控室を用意している会社があります。準備に必要だったら自由にお使いくださいということで、会議の前にそこに集まって座談することができるようになっています。執行側の話を聞いたうえで、社外取締役だけで議論が必要な場合はしてくださいというメッセージを発しているわけです。

経営陣との意思疎通という面で、コニカミノルタでは、社外取締役を拠点の視察とか社内のイベントにご案内し、そこで懇談の場を設けてコミュニケーションを図っています。また、当社の取締役会は委員会も含めると丸一日かかりますから、必ず途中で昼食が出ます。午前中結構、侃々諤々、社長にいった後でも、昼食になると話題を変えて、ヨーロッパ出張について雑談をするといったことが行われています。自発的に社長と時間をとって意見交換をする社外取締役もいます。

コニカミノルタは監督一〇〇%の取締役会ですから、取締役会議長の私は、議題を決めるうえで社長がどんなことをしようとしているのかを聞いておく必要があります。社長のほうからも情報提供があります。あるいは、取締役会は時間を気にしながら運営する必要があるので、終わった後でそれぞれの議題について、私が確認、コメントしようと思ったことはこういうことですと後から社長に伝えたりします。執行側とは近づきすぎず、離れすぎず一定の距離感を保つことを心がけています。

取締役会での議論の活性化を含めてガバナンスが機能するには、社長でもCEOでもいいし、私のように監督側に回っている元社長でも、チーフガバナンスオフィサーみたいな上級経営者でもいいと思いますが、とにかくその会社のガバナンスを機能させるために中心的な役割を担う人が必要です。その人が中心になって取締役会の実効性評価をし、実効性評価の結果を読み解いて改善案を考える。いまよりも会社のガバナンスをよくするためには、どうしたらいいのかを考える中心的な役割の人が必要です。

――取締役会議長には社外取締役が就任したほうがいいと思いますか。

松崎　コニカミノルタでは、社長だった人が退任後監督側に回ると決断して、自らガバナンスシステムを設計して議長になったので、いまはそれを踏襲しています。そのメリットはたしかにありますが、最終的には社外取締役が議長を務めるのが理想的だと思います。私はＬＩＸＩＬで、社外者によるプロの取締役会議長という役割にチャレンジしています。

社外取締役の機能の限界を自覚する

――リスクテイクの環境を整えるには、社外取締役としてどのような取組みが可能でしょうか。

松崎　ある会社は、その会社にとってはかなり規模の大きい海外の会社のＭ＆Ａを行おうとしていました。そうすると、慎重論が出るわけです。社内の取締役が慎重論を唱え、議論の流れがそちらに傾きつつあったときに、将来の成長のためには国内に依存するわけにはいかない、リスクをとらなければ次の成長はない、リスクをとるからこそきちんとリスク管理をしていく必要があるという話を、私ともう一人の社外取締役がしたことがあります。会社が大きな投資を決断しようとしているときに、最悪のケースとしてどういうことを想定しているか、社長としての覚悟はどうかといった質問をし、社長がそれに対してしっかり答えられるのであれば、仮に失敗したとしても会社がおかしくなるわけではないから、「では、やったらどうですか」と後押しをするわけです。

――事業ポートフォリオの再編についてはどのようなかかわり方をしていますか。

松﨑　次の中期経営計画を考えるときに、さまざまな事業が置かれている状況、環境の変化に留意したうえで、「それぞれの事業をどう位置づけるのか、将来を見据えてどのような事業ポートフォリオを構築するのかを示してください」といいます。中期経営計画が、一つの議論のきっかけかなと思います。あるいは、ある事業の扱いを決めざるをえない状況に置かれている会社もありますね。その場合には、「この事業をどうするのか、このまま続けるのか売却するのか、そもそも何年か先の会社の事業構成をどうするのか、考えを聞かせてください、その一環としての今回の意思決定ですよね」というやりとりをします。

そういった議論の際、社外取締役に欠けているのは、その会社の事業やそれぞれの機能に関する情報です。それを集めたところで、なかにいる人とは理解度が違うにしても、判断をするうえで知っておかなければいけない基本情報があります。それを社外取締役に提供するようにいっています。基本情報とは、サプライチェーンとか、お客さまは誰なのかとかといった事業の特性と、事業の成長性はどうなのか、この先をどうみているのか、当社の立ち位置はどこなのか、それに対するリソースの配分はどうなっているのかということです。こういうことを知らないことには判断ができないので、そこは提供を求めて、足りなければ足りないといいます。

私が社外取締役を引き受けている会社では、情報を求めれば上がってきますが、そもそも社外取締役は情報を積極的に求めないといけないと思います。情報を求める前に予習というか、過去の資料をみて経緯がどうなっているか追っておくことも必要だと思います。

——社外取締役としては、当該会社にどの程度コミットすべきでしょうか。

松崎　社外取締役の限界も理解しておかなければいけないと思います。会社の業績に最終的な責任を負うのはＣＥＯです。社外取締役に企業価値向上の推進力としての役割も期待されているところですが、たとえば業績に対して社内取締役と同等のコミットメントは求められないと思うのです。報酬体系がそうなっていませんから。社外取締役のコミットメントとは、プロとして自分に期待されている役割を果たすということだと思います。そこで、判断に必要な情報がなければ役割を果たしようがないので、情報収集の機会をつくってほしいと要求するのと同時に、自らもいま世の中で何が起こっているかを把握し、自分はそれに対してどう思うかの考えをきちんともっておくことが大事だと思います。

――株主・機関投資家とのエンゲージメントについてはいかがですか。

松﨑　コニカミノルタでは毎年、社外取締役の方に統合報告書に登場してもらっています。ここ数年は、スモールミーティングにも出席してもらっています。社長や私は投資家に対してこう説明しているけれども、社外取締役からみてどうなのかを率直に語ってもらうという趣旨です。社外取締役の方には、順番に出てもらっています。私が社外取締役をする会社の事例では、筆頭社外取締役を定めて、その方に必要に応じてＩＲ説明会の場に登場してもらっているケースがあります。ＬＩＸＩＬではＣＥＯやＩＲ部門からの要請もあって、決算説明会に登壇して、ガバナンスに関する質問に答えています。株主総会で質問があったときに、できるだけ社外取締役に答えさせないという会社もあるようですが、コニカミノルタで私が議長になってからは社外取締役にも答えてもらおうとしています。質問の多くは、「指名委員長として今回の取締役候補者選任の考えを聞かせてください」というものですが、委員長ではない社外取締役に対して、「当社の株価についてどう思いますか」という質問もありました。

――日本企業全体のガバナンスを改善するためにはどうすればいいでしょうか。

松﨑　自律的によくなっているグループと、そうでない二番手集団がいて、後者が日本企業のなかでいちばん大きな割合を占めています。変わる一つのきっかけが社外取締役だと思いますから、社外取締役になった人に向けて、実効性を高めるためにこういうことを心がけてくださいとメッセージを発することには賛成です。ただ、二番手集団が変わっていくためには、ハードルを徐々に上げていくことが大事ではないでしょうか。日本のコーポレートガバナンスコードのコンプライ（遵守）率が非常に高いのは、中身はどうあれ、かたちだけコンプライできるような内容だからです。イギリスのＦＴＳＥ３００（ＦＴＥＵ３）のコンプライ率は優良企業でも七割です。高めのハードルを突き付けて、会社のほうにどう対応したらいいかを考えさせる。コンプライできない場合には、それについての考え方をきちんと説明させる。そこまでハードルを上げていけば、コーポレートガバナンスコードが求めることに実質的に向き合わざるをえなくなりますから、違ってくると思います。

株主基準、社会目線、長期思考

泉谷　直木

泉谷　直木（いずみや　なおき）

アサヒグループホールディングス株式会社　取締役会長 兼 取締役会議長
株式会社リクルートホールディングス　社外取締役
株式会社大林組　社外取締役

1972年アサヒビール株式会社（現アサヒグループホールディングス株式会社）入社 、同社広報部長、経営企画部長、経営戦略部長を経て、2000年同社執行役員、2003年同社取締役に就任。2004年アサヒビール株式会社常務取締役、2009年同社専務取締役を経て2010年同社代表取締役社長、2016年アサヒグループホールディングス株式会社代表取締役会長に就任。2019年～同社取締役会長(現任)。2018年～株式会社リクルートホールディングス社外取締役（現任)、株式会社大林組社外取締役（現任)。

〈インタビュー時の役職〉
アサヒグループホールディングス株式会社　取締役会長 兼 取締役会議長
株式会社リクルートホールディングス　社外取締役
株式会社大林組　社外取締役

社外取締役としての心構え

――社外取締役の心構えについて教えてください。

泉谷　社外取締役の使命とは、基本的には株主からの受託者責任を前提に取締役会の使命である事業の持続的成長と企業価値の長期的な向上を実現することです。心構えとしては、TOBを仕掛けられたり、経営統合の提案を出されたりしたときに、独立社外取締役として矢面に立つ覚悟が必要になります。加えて、日常的な業務をこなすにあたって、私が心がけていることが三つあります。

一つ目は、株主基準で発想・発言することです。社外取締役は常に、株主に対して説明責任を果たせる状態になっている必要があります。その際には、株主資本コスト、株主価値、少数株主保護などの視点がポイントになります。

二つ目は、社会目線で発想・発言することです。出身会社の基準や経験で発想し、発言していたのでは問題です。その会社が属する業界の動向を含めた社会目線での発想・発言でなければいけません。そのためには、社会動向、法律の変化、業界動向、そしてレピュテーション（世評）を押さえる必要があります。

三つ目は、短期思考ではなく、長期、場合によっては超長期の発想が必要です。この議論は監督と執行が分離されていて、あるべきガバナンス体制になっている会社でないと、なかなか議論しにくいように思います。

私は以上の機能を果たすために、社外取締役をしている会社用の自作のノートと株主総会招集通知と統合報告書を常時、持ち歩いています。招集通知は株主に対するコミットメントで、統合報告書は機関投資家に対するコミットメントです。ノートは自分で情報を収集するためのものです。前半部分に業界に関するニュースや当該会社の業績を書き、それに対して、赤字で私の意見、黒字で会社側の説明を書きます。また、日々新聞などを読みながら、関連するニュースを書き込んでいます。

社外取締役への就任を依頼されたときには、会社のここ三～五年の重要課題は何か、そのなかで私に期待することは何か、お受けしても私は四年以上務める気はない、できれば三年で辞めたいが、それでもいいですかと聞きます。前任の社外取締役に誰が就任しているかも気になります。前任の方よりも私がクオリティを落としてはいけませんので、きちんと準備をする必要があります。

——できれば三年で辞めたいというのはなぜですか。

泉谷　自分の「旬」の時期が終わると思うからです。現職の経営者でなくなったら、情報が入ってこないし、もっている情報も枯れてきます。また、独立性の堅持という課題もあります。役に立たない社外取締役に来てもらっても、会社は迷惑ではないでしょうか。自分で期限を切らない仕事はルーズになります。

——長く社外取締役をやっていたほうが会社の状況に詳しくなれるということはありませんか。

泉谷　会社が求めているのはコンサルタントではなく、執行陣による経営の監督をする人です。監督の能力は業務知識の多寡ではなく、その人の考え方や最初からもっている知識・経験によると思います。たとえば、経営環境が変わっているので、価値観を議論しなければならないのに、総論部分の議論が飛ばされていることもあります。そこを企業全体としての持続性につながるようにモニタリングするのが監督の役割です。個別ではなく全体としてのリスク管理になっているか、個別の人材を育てるのではなく仕組みとしてのサクセッションプランになっているか、言葉遣いを含めて社内の常識が社外の非常識になっていないかなどに気をつける必要があります。

――日本の社外取締役で統合報告書と招集通知を読み込んでいる人は少ないのではないでしょうか。

泉谷　たとえば、ある会社は統合報告書に価値創造モデルがきちんと表現されています。普通の会社の事業戦略は矢印一本のリニア（直線）ですが、その会社の事業戦略はサステナビリティ（持続可能性）をもってスパイラルアップしていく。リニア型は不確実性に対応できませんが、循環型はベースがあるから不確実性に対処できます。その会社の統合報告書には経営の考え方、ガバナンス構造、環境問題・ＳＤＧｓなどがすべて入っています。だから、持続性が生まれるのです。

監督と執行でよい競争関係をつくる

――執行陣と社外取締役の関係はどうあるべきですか。

泉谷　執行と監督の分離ができていない会社では社外取締役は機能しにくいということが最大のポイントです。監督と執行の分離がされていれば、社外取締役の役割は明確です。株主に対して受託者責任と説明責任を負って、執行をモニタリング、監督することです。役割分担が明確でないと、現場を知らない社外取締役が執行の細部に余計な口を出して執行側が頭にきたりします。役割分担を明確にしたうえで、執行側と監督側が協働関係に立つのがあるべき姿だと思います。それにより、守りのガバナンスと攻めのガバナンスが達成されます。

問題は監督の定義がきちんとなされていないことです。監督は執行のレベルを超えたものであるはずです。たとえば、リスクの議論をするときに、執行陣はERM（全社的リスクマネジメント）を導入してヒートマップをつくり、諸リスクを赤や緑で色分けして説明しますが、われわれが問題にするのはストラテジックリスクです。その議論をできるのが監督のレベルだと思います。

こうした原理原則をきちんと押さえず、その場の思いつきで発言していると、あの人はいろいろ口を出してくるけれど、結局何がいいたいの、ということになってしまいます。監督の定義はその会社の取締役会が見出すべきであって、コンサルタントに教えてもらうことではないと私は思っています。

もっとも、本来は私がいま述べたことに、多くの経営者が疑問を表していただきたいと思います。監督と執行の分離などと簡単にいうが、分離したら、監督する人は代表権を外さなければならない。私はかつてアサヒグループホールディングスの代表取締役会長兼取締役会議長でしたが、自分の代表権を外すと同時に社長の解任基準をつくりました。監督と執行の分離をし、みんなからわかる透明性をもたせることが必要だったのです。コーポレートガバナンスコードのなかには、このような地雷がいくつも埋まっています。

——社外取締役にはどのような知見が必要でしょうか。

泉谷　その業界や会社のことを歴史も含めて知ることが必要でしょう。株主総会の招集通知と統合報告書を全部きっちり読んだらものすごい情報量です。また、新聞の切り抜きや業界の情報本なども読んで、その業界の特徴、慣習などを調べます。建設業界であれば、明治時代の国の土木政策と民間の工事業者との関係はどうであったのかなどをまず頭に入れないといけない。こうした知識があるとないとでは、議論の理解度合いが全然違います。

日常業務として新聞、雑誌、インターネットの企業記事や関連記事のチェックとピックアップをしています。こういうトレーニングはルーティンにしておかないといけない。気になったら手帳にすぐ書き込んで、後で前述のノートへ書き写して整理します。指名委員会の委員長を務めるのであれば、社長交代のときにはどのようなことがあるかを知り、会社の案をきちんと説明するロジックを準備する必要があるでしょう。ノートの役割は、こうした情報の蓄積と、判断のプロセスの記録です。赤字で書いた決議事項の検討プロセスをみて、そこに透明性、客観性があるかを確認しています。

――そのように情報を吸収したうえで事務局から説明を受けるわけですか。

泉谷　そうです。取締役会の一、二日前には事前説明に来てくれますので、私が事前にもっている情報を紙に書き込んでおいて事前打合せに行きます。そこで私の疑問に対する答えを全部出してくれれば、取締役会では何もいいません。実は向こうの部長クラスもわれわれと議論することは普通ないので、私の気持ちとしては、大変生意気ですが、彼らの研修の一環として、私が考えていることはすべて担当者にいいます。その際に、この案件は上から無理にやらされているのではないかと気がつくこともあります。

また、私が社外取締役を務めているある会社では年に一、二回、CEOと二人だけの食事会があります。CEOと社外取締役全員の懇談会がある会社もあります。そのときにCEOが何をしゃべるかを一年間くらいノートにとっていると、そのCEOの思考パターンがわかってきます。だからどうということはありませんが、そうした思考パターンがそぐわない案件のときには再考を求めることもあります。

取締役会議長として次世代を育てる

――社内の取締役会議長としての心構えも社外取締役と同じでしょうか。

泉谷　アサヒグループホールディングスでは、議長として取締役会の事務局をつくりました。取締役会の二週間前に議題を決め、一週間前に全部の準備が終わり、四～五日前に社外役員へ書類が届くというスケジュールになっています。ところが、あるとき今回は議題がありませんと事務局からいってきたことがあります。

これは本来、おかしなことです。取締役会の事務局は執行側の下請けではありませんから、執行からの案件がなければ議論ができないということはないはずです。各社外取締役にはそれなりの報酬を支払っています。月に一回、一人百万円くらいを無駄にする権限が君たちにあるのかなどと冗談をいいながら彼らのトレーニングをしています。監督・監視をする際にどういうメッシュでやるかとか、超長期のメガトレンドは何か、取締役会事務局のＰＤＣＡをどのように回すか、などのテーマを示唆しています。

当社の場合、一年間の取締役会実効性向上プロジェクトというのを立ち上げました。その第一号テーマはメガトレンドでした。事務局が議論の叩き台をつくりましたが、当社の社外取締役から突き返されて、事務局がやり直しました。社外役員とわれわれ社内役員だけで議論を進めてしまうと、次の世代が育たないと思うので、事務局に資料づくりを担わせているわけです。そのプロセスではフォーキャストとフォーサイトの違いを議論したりもします。

フォーキャストは現状のデータを分析しながらトレンドを予測するものです。それは執行陣がやる仕事です。取締役会で取り組むべきはフォーサイトです。フォーサイトとは向こう三〇年くらい先をみて、どうなるかわからないことについてもっともらしい議論をすることです。予測が正しいかどうかは誰にもわかりませんが、それを毎年繰り返すことによって、もっともらしいことが起こったときに対応ができるのです。かつて石油をめぐるヘゲモニーが欧米メジャーからＯＰＥＣへ移ったことが好例でしょう。

社外取締役として、モノがいいやすいかどうかは、議長の采配が大きいと思います。もう一つは、やはり取締役会のダイバーシティです。同じような経験をしてきた先輩・後輩が並んでいると、モノがいいにくいのですが、それぞれが別の分野の専門家だと、自分の領域についてては自分のほかには誰もいわないので、発言せざるをえません。経営の経験、弁護士の法律的観点、会計士の財務的観点、あるいは女性の視点から積極的に発言してもらえると、こちらも勉強になります。

事業全体をふまえ、ポートフォリオ戦略を考える

――社外取締役として経営戦略や事業再編にどのように関与しているかについてお聞かせください。

泉谷　経営戦略や計画は執行部門につくらせるべきで、取締役会がなすべきことは計画のＫＰＩ（重要業績評価指標）を押さえて、それをモニタリングしていくことです。オペレーショナルリスク、いわゆるピュアリスクについては執行側に任せて、取締役会はモニタリングしてればいい。社外取締役は顕在化するまでに三～五年かかる潜在成長力の部分、たとえば人材育成とか、研究開発とか、組織文化力に留意すべきです。また、企業価値の創出プロセス、資源配分、バランスシート、成長投資、リスク管理、資本政策あたりには社外取締役が関与すべきです。ストラテジックリスクとＥＳＧに関しても、取締役会で議論すべきです。このレベルの関与をしないで執行に口を出していると、監督のレベルが上がらず、執行

側とぶつかることになります。

事業再編については、個別の案件が出てきたときに、当該事業をポートフォリオのなかに置いて判断すると、どうすべきかがはっきりします。問題児か、スターか、負け犬か。問題児をスターにもっていくのか、負け犬として捨てるのかを判断するときに、当該事業を事業ポートフォリオ全体のなかに置いてみると、あちらより先にこちらも捨てるべきだとか、これを伸ばすといっているが、このほうが投資は少ないのではないかいうことがわかってきます。一個の事業に関する議論をポートフォリオ全体の議論につなげる癖をつけることです。それがヒト・モノ・カネをどう配分していくかという議論につながっていきます。個々の事業でキャッシュが回っているだけでは不十分です。キャッシュには、事業ポートフォリオ全体のなかで、最大限、汗をかいてもらわなければなりません。

アサヒグループホールディングスでは、低収益事業や低稼働資産は全部切って、キャッシュに変えてきました。そうなると、問題児か、スターかキャッシュカウ領域での議論となります。強い会社はそういうふうに姿を変えていくわけです。会社も二つくらい売りました。中核事業ではなく、ほかの事業と何のシナジーもないからです。高く売りたいので、改革して売り、キャッシュを一円でも多く稼ぎました。もちろん社員の雇用は守らなければならないので、人をつけて売るときは、社員についていろいろな条件をつけます。条件を満たさなければ売りません。

――経営陣の指名・報酬プロセスへの関与について教えてください。

泉谷　指名委員会や報酬委員会の委員長もやっていますが、監査役会設置会社において後任社長や報酬額を決める権限をもつのは取締役会であり、任意の委員会の役割は決定プロセスの透明性・客観性を確保することにあります。指名委員会等設置会社の委員会は実質的な決定権限をもちます。この違いを認識したうえで社外取締役に仕事をお願いしなければなりません。

ところが、指名委員会等設置会社にしておいて、指名委員会の決定を取締役会でオーナー社長がひっくり返すケースがあります。だったら指名委員会等設置会社にしなければいい。指名委員会でサクセッションプランの議論をしないで、一本釣り方式で後任を決めるのでは話にならないのではないかと思います。

一方、指名・報酬委員会で経営者の人事が決まるようになると、社内取締役にとっては新しいブラックボックスができてしまい、取締役会としての一体性に問題が発生しかねません。指名委員会等設置会社なら仕方がありませんが、監査役会設置会社だったら委員会における選任プロセスの進捗状況を社内取締役にも毎回報告するといったルールをつくっておかなければいけないと思います。

有事のときにどう戦うかが重要

――コーポレートガバナンスの実効性を高めるための取組みがあれば聞かせてください。

泉谷　質問の趣旨にあっているかどうかわかりませんが、社外取締役で、議事録にこだわる人とこだわらない人がいます。自分がある場面でどのような発言をしたかを書いてもらわないと、リスクが顕在化したときに社外取締役はみていなかったのかという指摘がされ善管注意義務が問われますから、私は自分の発言を議事録にきちんと書くように求めます。議事録をどう書くかで、その会社の体質がみえてきます。事務局が、上からいわれたことしかしない事務局か、改革の意識をもった事務局かは、食いつき方が全然違うことでみえてきます。改革派は、「おー、社外取締役がいってくれた！」ということになります。

また、事務方がこんな些細な情報まで社外取締役に知らせるのは迷惑だろうと思っている場合に、実は社外取締役のほうはその業界の言葉さえ知らないことがたくさんあります。社外取締役にとって実はその情報も欲しいのです。ただ、社外取締役のほうにもメンツがあるので、それをあまりいいません。そうすると案外ベースとなる情報が抜けていることがあります。他方で、われわれ社外取締役の側がこうした情報が足りないといったときに、事務局が何の話かぴんとこず、なかなか情報が得られないこともあります。こういう二つの誤解は、お互いに情報をやりとりしているうちになんとなくコミュニケーションのコツがわかってきます。

もともと単に社外取締役の数を増やすことだけがコーポレートガバナンスコードの目的ではないと思っています。コーポレートガバナンスの実効性を高めるためには、前述のように監督と執行を明確に分離すること、もう一つは、ＴＯＢや経営統合のときに独立社外取締役は何をすべきかを明確にすることです。その辺を企業サイドが理解していないといけないと思っています。

――独立社外取締役が前面に立ってアカウンタビリティ（説明責任）を果たすという趣旨でしょうか。

泉谷　会社が買収防衛策をやめて裸になってしまうと、敵対的買収を仕掛けられたときに、社外取締役が第三者的な立場になって会社を守るしかありません。会社は社外取締役への就任を依頼するときに、いざというときにはお願いしますといっておくべきでしょう。また、そういうときにはやはり弁護士、経営者、コミュニケーションのプロのバックグラウンドがある社外取締役が必要です。社外取締役の最大の役割は有事のときにどう戦うかです。あまり議論されていませんが、社外取締役が重要である最大の理由もそこにあります。

社外取締役は、社会や事業環境の変化をとらえ、会社を変革へと導く

蛭田　史郎

蛭田　史郎（ひるた　しろう）

株式会社ニコン　社外取締役

1964年旭化成工業株式会社（現旭化成株式会社）入社、工場長を経て1997年同社取締役に就任。1999年旭化成工業株式会社常務取締役、2001年旭化成株式会社専務取締役、2002年同社取締役副社長を経て2003年同社代表取締役社長に就任。7年間の社長在任期間には、旭化成グループの持株・分社化やグローバル展開を推進。2010年旭化成株式会社取締役最高顧問、2013年同社常任相談役、2016年～同社相談役（2020年退任）。オリンパス株式会社、オリオン電機株式会社の社外取締役、株式会社日本経済新聞社の社外監査役を歴任。2019年～株式会社ニコン社外取締役（現任）。立命館大学大学院経営管理研究科客員教授、横浜国立大学経営協議会委員、日本化学工業協会副会長、日本経済団体連合会教育問題委員会共同委員長などを歴任。

〈インタビュー時の役職〉
株式会社ニコン　社外取締役

会社の基本戦略に照らして提案を評価する

──日本のコーポレートガバナンスをめぐる課題をどのように認識していますか。

蛭田　日本のコーポレートガバナンスの現状は、短期間で進めてきたためにかたちだけが優先され、中身が伴っていない会社も多いように感じています。社外取締役の比率を三割とか、四割にすると、ガバナンスの先端企業だと思われるという雰囲気がありますが、誤解があると思います。なぜこんなことやっているのかと感じている方が多いのではないでしょうか。方向転換するには少々時間がかかると思います。

一方で、私は社外取締役の経験が数社しかないので全体がどうかわかりませんが、社外取締役になっても遠慮して、必ずしもストレートに思ったことをいえていないケースが多いと思います。内輪では「ほんとはこうなんだよね」という話は出ますが、では取締役会で正式に「それは違うじゃないか」というような議論になるかというと、そういうことはそれほど多くないと思います。

取締役会の運営方法にしても、多くのアメリカの会社の取締役会は年二～四回くらいしか開かれず、一回の会議に二日間かけて基本戦略や人事だけ議論することにしていると聞いています。これに対して、日本の会社の取締役会は会社法で付議事項が決まっているので、毎月開催し、重要な支配人の人事など執行にわたる事項も議題にあげられています。

基本戦略を決定、チェックし、執行の責任者の人事を決めていくという取締役会に本来期待される役割と実態にはギャップがあるように思います。それにもかかわらず、かたちだけ社外取締役の導入を優先してしまったので、実質的に機能していないケースが多いように思います。それが現在の日本企業のガバナンスの遅れの指摘につながっているのではないかというのが私の認識です。

――社外取締役は本来どのような役割を果たすべきでしょうか。

蛭田　当該企業の経営が事業環境の変化に正しく対応しているか否かを、内部の論理ではなく新しい視点でチェックしアドバイスすることです。ただし、特に日本の場合、監督一本やりではだめで、指摘や実行を迫るとき、タイミングとバランスに配慮することも必要だと思います。

経営幹部向けのある講習会で講師を務めたとき、参加者に仮想的な取締役会で取締役として議論してもらいました。そこで、参加者の議論を聞き、企業価値創造、あるいはその会社を成長させることで取締役としての役割を果たすという視点が参加者の方の認識として弱いのではないかと強く感じました。どちらかというと、定型的点検項目の妥当性に視点が向きがちで、総じて会社の基本的な長期戦略に照らして、現在の提案の当否を考えていくという視点がきわめて弱いと感じました。

たとえば、資本金の五分の一くらいの大型増資の提案が取締役会に出てきたときに、取締役はどういう視点で議論すべきでしょうか。その案件を成立させるのが任務である多くのアドバイザーは、希望よりも高い発行価格になるとか、情報開示でここなら窓が開いているというような意見を出していることが多いようにみえるし、取締役会でもその点が議論の中心になることが多いように思います。

仮に一〇〇〇億円の増資をしたら、資本市場が最低三%の配当を期待します。ということは三〇億円の配当金が毎年必要になり、配当性向が三割だとしたら約一〇〇億円の税後利益、税前で二〇〇億円の追加的な利益が必要ということになります。一〇〇〇億円の増資に対して三年くらいをメドに二〇〇億円以上の営業利益があがる事業戦略を達成する見込みがなければ承認できないということです。その場合には、事業計画の練り直し、再提案を求めることになります。こうした視点は先ほど申し上げた講習会の参加者にも抜けていたと思います。

講習会でのもう一つの例題はM&A案件でした。M&A案件そのもののキャッシュバランスがどうなるとかいう視点はみんなよく勉強しているから出てくるのですが、肝心な二つの視点が抜けていました。一つは当該企業の財務バランスのなかで、今回のM&Aが長期財務戦略上どう位置づけられるのかという視点、もう一つは事業戦略達成のためにそのM&Aで終わりになるのか否かという視点です。

実際の取締役会で、今回のM&Aがグローバル化を目指したアメリカの案件だとしたら、次にヨーロッパ、東南アジア、中国はどうするのか、また、全体計画のなかの最終的な財務バランスはどうなるのかという戦略を聞かせてもらったうえでないと、取締役として賛成の意見はいえないということで、最終的に全体像をみせてもらってから承認するというのが手順だと思います。

社外取締役の本質的な役割とは

――就任時には、どのようなことに留意すべきでしょうか。

蛭田　根本的には、会社の取締役になるのだとしたら、「会社とはどのような存在だと認識しているか」という質問に答えられなければいけないはずです。その部分が希薄なのではないかと私は思います。どちらかというと、執行の上手な人、上司によく思われる人を引き上げて取締役にしているケースが多いようにみえますから。そういう人たちのなかで取締役会を運営していると、あまり基本的な議論はしません。従来の発想や手段、そして従来の判断基準に基づいた議論が主流になります。そういうところに社外取締役が入っても、ほとんど議論する局面がないわけです。ただ、なんとなく一緒に賛成させられているという感じになってしまっている。それではいつまで経っても日本のコーポレートガバナンスが改善されないのではないでしょうか。

私は会社とはどのような存在かについてこう思います。会社は法的な人格なので、自然人と同様に会社としての風格を求められます。不祥事が起こっているような会社はそれができていないわけです。また、会社は仲間内で出世していい給料をもらうための組織ではなくて、社会が抱えているいろいろな課題の解決に貢献し、その貢献の度合いによって社会から利益の還元を受ける存在だと思います。

そうすると取締役会の使命は、社会の抱える課題が何であるかを議論し、当該企業の経営インフラを総合的に考え、いわゆる身の丈にあった戦略で、当該企業をその解決に向けて動かすことになると思います。会社法などに規定された所定の手続を踏むことばかりに気を遣って、そうした本質的な視点が抜けていると、先ほどの講習会の例のように、M&Aの案件が出てきたら、その案件自体の経済合理性にばかり目を向けて、それが全体的な会社の存続のなかでどういう位置づけになるかを考えないことになってしまうのではないでしょうか。

そして、企業内の従来からあった文化とか価値観だけでみてしまうと、大きな社会の変化が認識されにくいので、会社の外での経験や視点をベースに「いま世の中はこう動いていますよ。それに対してこの事業計画や事業戦略は妥当ですか」と意見を述べることが社外取締役の役割だと思います。それらの意見を考慮し、社会の変化に対応する戦略を立案し、実行することで会社が成長すると思います。

特に日本の場合は年に一二回も取締役会を開くのであれば、社外取締役は経営陣に対するアドバイスをきちんとする必要があります。聞くほうが「なるほどあの人のいうことはまともだな」と思うような視点と見識が求められます。そこまで身を入れてやろうと思ったら、社外取締役を三つ掛け持ちするのは困難を伴うと思います。せいぜい二社ぐらいが限度ではないかと私は思います。

ですから、取締役会の構成上、社外取締役を三割にしたら会社が成長するとか、指名委員会や報酬委員会を社外取締役が主導すればいいという意見は形式的すぎると思います。指名委員会についていえば、新しい環境に対応する戦略を策定・実行するために不適切な社長ならそれを指摘し、できなければ替え、適切な人を社長に選べるかどうかが本質的に重要なことだと思います。

特に日本の場合、社内昇進が多いので、指名以上に社内の育成計画が重要になってきます。後継者を決めるということだけではなく、事業環境の変化を認識し、従来と違った戦略を立案、実行することのできる人材の育成計画を策定し、その遂行を監視していくことが指名委員会の最大の使命なのではないかと思います。

経営とは事業環境の変化への対応である

――事業戦略に外部の視点を取り入れるとは、たとえば、どのようなことでしょうか。

蛭田　たとえば、カメラ業界は、富士フイルムさんが「写ルンです」を出したとき喜んでいたのです。素人が写真を撮る喜びを見つけて、次は必ず本物のカメラが欲しくなるから、カメラのマーケットが大きくなるといっていました。たしかにそういう側面がなかったわけではないのですが、その次にデジカメが出たときもカメラ業界の人たちは「写ルンです」のときと同じ議論をしていたようにみえます。デジカメは五〇万画素から一〇〇万画素だが、カメラが好きになれば二〇〇万画素や四〇〇万画素のものが欲しくなると。

しかし、テレビの４Ｋ、８Ｋもそうですが、人間の目以上の精度が出ても実質的に意味がありませんが技術は常に進歩し続けます。いつの間にかスマホでも二〇〇万画素以上が出せるようになってしまった。昔の高級カメラと同じ性能です。気がつくと、カメラという高級品がいつの間にかスマホの部品になってしまいました。数十万円のカメラがせいぜい二〇〇〇円から三〇〇〇円の部品になると、マーケットが一桁広がったとしても売上げが小さくなるのは当たり前です。

多くのカメラメーカーはその後、多額の投資をして中国や東南アジアにデジカメの工場を出しました。そういうときに、カメラマーケットはこうなるのではないか、それに対する戦略は妥当なのかときちんと指摘していくのが社外取締役の役割だと思うのです。

この問題は、おそらく「写ルンです」が出た直後くらいから、世の中の変化を整理、認識していたらわかったはずです。内部的には「去年まで売上げが下がっているが、来年からは持ち直します」という計画になりがちです。しかし、環境が変わって売上げが下がっているのなら、同じ戦略でいくら頑張っても上向きにはなりません。来年頑張りますというけれど、では去年まで頑張っていなかったのかという話です。しかし、社内の稟議はそのまま通ってしまうのです。

そのように考えると、社外取締役はどこかの会社の社長をやったから務まるというものでもないと思います。大きな技術の動向、産業動向、あるいは価値観の変化、大きくいえば人類の進化の側面としてとらえる局面もあると思います。それにどのように対応するかを考えられる人でなければいけない。社長経験者で、事業環境の変化に適切な対応をしてその会社を変化させた経験のある人が好ましいと思います。

前任者のやってきたことを踏襲して、あるいはリストラによって、売上げや利益が増えたとしても、それは経営者の手柄ではありません。事業構造が変わってきたときに、それに対応する事業戦略を立案し、実行し、組織を変革していく。現実の経営者がそういう視点で経営をしていくような仕組み、運営ということがきわめて重要になるのではないかと思います。だから、社外取締役を育てようと思えば、その前に現役の経営者を鍛え直せということになりますよね。

数字の承認だけでは役割を果たせない

――取締役会を活性化するために工夫していることはありますか。

蛭田　たとえば、取締役会で「外部に収益計画の修正を発表するから承認してほしい」という提案があれば、執行陣がそういうのであればということで、そのまま深い議論もなく承認されることがあると思います。そのような場合、前の計画立案時と比較して前提条件の何が変わったのかを説明してほしいと思います。事業環境や戦略の変化については、社外取締役も責任をもって判断する必要があるからです。数字そのものは最後に出てくるもので、その正しさについては執行陣が責任をもつべきです。

そういう場合、執行陣から計画段階で少し無理をしたという答えが返ってきたとしたら、計画に実現が危ぶまれる要素が入っていたのだといえます。そういう計画を承認してしまうのは、当該企業の計画立案の仕組みと文化に問題があるかないかを指摘しなければなりません。外国での政変など外部環境の大きな変化が理由であれば、当該地域で予定していた売上げをほかの地域でカバーできるのか、それとも戦略そのものを見直すのかを考える必要があるでしょう。

まずは当該企業の基本戦略があり、基本戦略を実現するための施策があり、施策の結果として最後に数字が出てくるのであって、数字だけみせられても仕方がありません。戦略と、施策と、数字と、全部リンクしたかたちでの説明を求める必要があります。そういう質問を通じて、取締役会を活性化させていく、あるいは取締役会本来の機能を発揮させる努力がいります。

ある会社では取締役会の前々日に社外取締役だけに説明がありました。一応予定は二時間ですが、実際は半日くらいかかります。そこで説明を聞いた後、社外取締役の間で議論になり、事務局に追加資料の作成や資料の差替えをお願いすることになります。最初の頃は多くの重要案件が当日差替えでした。

社外取締役が四人、五人になれば社外取締役だけの会議、打合せが必要だし、それに対しては十分な情報提供をしてもらい、質問も事前にまとめて出していくという仕組みをつくっていけるのではないかと思います。そのときに大事なのは、社外取締役が執行について口出ししないことです。そこの線引きは取締役会議長、あるいは筆頭社外取締役がきちんとしないといけないでしょう。

ある会社では、単発の内部監査報告ではなく、業務執行のレベルがどのように取締役会に上がっているかがわかりやすいように、去年の監査ではこういう指摘をして、今年はそれが直った、あるいは直っていない、今年の監査はこうで、来年度はこういう視点で監査するというように、シリーズで監査をするようにしています。

また、取締役会で業務執行報告の一環として事業分野ごとに状況報告をするようにしています。人事担当役員にも、人事政策上の課題と対応を報告してもらいます。それらを聞いていないと、単発の提案があったときにわからないことが多いからです。

こうした業務執行報告に対する質問はほとんど社外取締役からのものです。「世の中がこう動いているなかでその戦略は大丈夫か」とか、「そこは重点的に研究開発を行うべき分野なのに研究開発費削減とセットでの戦略はおかしいのではないか」といったような内容です。

現場をみることは必須

――社内の情報を収集するために工夫していることはありますか。

蛭田　ある会社では年に二回、研究・製造発表会があるのですが、社外取締役も含めて全役員に対して、グローバルで各部の部長も参加して、一日がかりで発表しています。研究所もみて回り、現在の主要研究テーマについて説明を受けてコメントや質問をします。また、社外取締役就任と同時に国内の工場をすべて回りました。そうして、本社で聞いた戦略がどの程度現場に伝達されているか、言葉で聞いた戦略の現実的な妥当性を自分なりに判断しています。現場をみることは必須だと思いますね。

――機関投資家などの株主と社外取締役が直接話すことについて、どう思われますか。

蛭田　それはやったらいいのではないでしょうか。避ける理由はないですよね。私はある会社の取締役会議長のときに、当該会社のガバナンスについて説明したいとアナリストに連絡したところ一〇〇人くらい集まりました。一時間ほど話をした後、四五分程度の質疑応答がありました。個別のスモールミーティングも二回くらいあったでしょうか。

気をつけなければいけないのは、社外取締役に就任されている多くの人は、ご自分も執行をしていたことがあるから、ついつい取締役の役割を逸脱して執行にまで踏み込んで発言しがちであることです。そこはきちんと自分で整理して、それは執行の問題なので私からは何も答えられないといわなければなりません。特に日本の場合はアメリカと違い、執行と取締役が相当近くなってしまっているので、線引きがむずかしいです。

――投資家と直接対話するメリットは感じましたか。

蛭田　私自身が何か新しいものが得られたということはないですね。経営者として投資家やアナリストとコンタクトした経験があるから、どのような視点でアナリストや投資家が判断されるかというのは理解しているつもりです。

社外取締役が指摘をするには、タイミングとバランス感覚が重要

――これまでの当該会社の人たちや先輩などの思い入れからなかなか撤退できない事業を、資本コストとの関係から変えていかなければならないといった選択を迫られたケースはありますか。

蛭田　それはどこの会社でもあるのではないでしょうか。旭化成でもそうしたことがありました。

私が入社した頃、旭化成は事業の七五％が繊維の会社でした。だから、主力の繊維をやめるというのは文化的に考えられないことでした。私がある工場を閉鎖したときには、先輩たちから「旭化成の伝統ある合成繊維をやめてどうするのだ」と迫られました。先輩たちには頑張りますからとしかいいませんでしたが、アクリルはすでに中国が中心で、旭化成が数十トン程度の工場をもっていても存在意義がないのです。担当者はあと六〇億円かければこうなりますとは主張しましたが、そのような投資はできないといってやめました。

日本企業は、一九六〇年代から一九七五年くらいの間、高度成長を実現し素晴らしい成長

を遂げました。日本のGDPは毎年八〜一〇％くらい伸びました。日本企業は（旭化成も）この期間に大きくなりました。そうした高度成長期のモノが足りない時の経営が非常にうまくいったのです。日米欧の一〇億人を対象にしたマーケットで、いちばんよい物を安く大量に早くつくる技術のある日本が伸びたわけです。

問題は、その成功体験から、同じことを続ければよいという文化と仕組み、そして判断基準までが、多くの日本企業に根づいてしまったことだと思います。経営者も過去の成功体験をそのまま引き継ぐ人を選ぶことが多かったのではないでしょうか。かつての日本のビジネスモデルはいまＢＲＩＣｓやベトナムに移行してしまい世界は供給律速の時代から需要律速の時代に変わってしまったのに、依然として一九六〇年代から一九七〇年代のビジネスモデルを追いかけ続けたわけです。それがその後の失われた日本の二〇年のベースにあると私は思います。

先日ある金融関係の役員研修で講師を務めたとき、「貴社の仕事は出口も入口も変わってしまっている」という話をしました。たとえば、保険事業は多くの人からお金を集めて、それを運用して利益を七〜八％出し、三％くらいを配当に回すことで成り立っていました。しかし、現代は人々が長寿化しています。昔は、四〇歳や五〇歳で死んでしまったら子どもが大変だということで保険に入りましたが、多くの人口が七〇歳、八〇歳になってしまうと、子どももう六〇歳前後ですから、子どものための生命保険などいらないということで入口が変わってしまったのです。出口も変わってしまいました。昔はお金を集めれば、七％や八％で借りてくれる人が大勢いました。でもいまやゼロ金利です。入口も出口も塞がれてしまったなかで保険業はどうするのか、当該企業のトップの人たちは、当然考えているので、これからの経営者もそれを考えないといけないのですよ、といってきました。

このようにさまざまな局面で事業環境が大きく変わってしまったといえるのです。企業経営はこの変化に適切に対応することが必須だと私は思います。

ＧＥが航空機エンジンのビジネスを変更し、金融事業を切り離したとき、日本の新聞・雑誌や学会の先生方も、ＧＥが製造業に回帰したといいました。しかし、ＧＥのビジネスの実態は、過去のメンテナンスのビッグデータや運航データなどを二年間かけて解析して、燃費を削減する運航法を見つけ、それを提示し、現状より下がった燃費費用の半分をＧＥにくださいというサービス業です。性能のよいエンジンをもつのはこのビジネスモデルを実現するための必要条件ですが、それだけでは十分条件ではない。モノづくりの視点だけで必要条件だけをみてはいけないと思います。

この流れのなかで、金融業を手放したのだろうと思います。金利が二～三%程度になったときに八%の運用益が必要な金融業を事業の中心としておくなどありえません。そうした世の中の大きな変化への対応というのが日本人は苦手のようですね。

――そうした本質論が受け入れられるためにはどうしたらいいでしょうか。

蛭田　会社とは何のためにあるのかをきちんと認識している社長でなければ、社外取締役が何をいっても、何かうるさいのが入ったなと思われておしまいでしょう。一方で、大きな事業環境の変化に対して会社の戦略の方向を変えていくためには、タイミングとバランスという視点もいります。やれといえばやれるものではありません。会社の対応スピード、あるいは対応能力と世の中の変化のどこでバランスをとるか。それをふまえて議論をしないと理想論になってしまいます。会社の実力や文化を理解したうえで、これはいまやらなければならない、あるいはこれはいまやってもまだ社内がついてこられないからもう少し先だねという判断が必要です。

――後継者計画について、どのような視点からアドバイスされていますか。

蛭田　当時の旭化成では会長が指名権をもっていましたから、私は後継者選びに関与しませんでした。たとえばある会社で、三つ、四つの事業をやっている会社であれば、社内から選ぶ社長は最低二つの事業を経験し、加えてコーポレートの機能をキャリアパスとして経験している必要があると思います。キャリアパスが大事なので、後継者育成＝ローテーション計画ということで、部長以上の全ローテーション計画表を数年単位で作成することが重要です。ただし、これらすべてを取締役会で議論することではないと思うので、指名委員会に提示してもらうというのは一つの考え方ですね。また、社長候補者三名につき年二回は取締役会で提案ないし報告させてほしいと思います。単なるキャリアだけで人物の良し悪しはわからないので、取締役会でみんなに面通しさせるためです。そして、できれば一年前に本人には伝えないが内定し、コーポレートで社長のサポートをさせるのが望ましいと思います。

作成したローテーション計画は定期的にフォローし、概況は取締役会に報告、議論するというのが考えられます。

もちろんその仕組みそのものの可否は取締役会の決定事項だと思います。

――社外取締役をサポートする専属部隊は必要でしょうか。

蛭田　いいえ。取締役会事務局にそのミッションがある旨を明示し、事務局が社外取締役との打合せの日程調整やそこで出た要望を関係部署へ伝えるという役割さえ果たしていれば、専属のサポート組織がいるものではないと私は考えます。

――取締役会の実効性評価のやり方について、助言されたことはありますか。

蛭田　ありません。各社とも質問項目はおおむね同じです。やらざるをえないからやるのでしょうが、定型化してしまうとあまり意味がなくなってしまいます。

第4章

社外取締役としての実践

「監督」機能が求められる社外取締役は、取締役会での実質的な討議が増えるよう、取締役会を活性化させるための行動が求められる。たとえば、資料の早期提供を求めることや、対応を求めた事項のモニタリングを行うこと、その場で結論を得ることを目的としない議論の時間を設けることなどがある。また、会社と経営陣・支配株主等との利益相反を監督することや、投資家等に説明を行うとともに、投資家等との対話の視点を取締役会の議論に反映させることも有意義である。

本章では、各企業での実践事例を紹介するとともに、実践の際に留意すべき点について紹介したい。

徹底的に議論を行い、取締役会で会社の方向性を決める

阿部　敦

阿部　敦（あべ　あつし）

富士通株式会社　社外取締役・取締役会議長

1977年三井物産株式会社入社、1982年からアメリカに赴任しシリコンバレーでハイテク子会社の設立やベンチャー企業の未公開株投資業務に従事。1993年にアレックス・ブラウン・アンド・サンズ（Bankers Trust、Deutsche Bankによる買収を経て現Raymond James & Associates, Inc.）マネージング・ディレクターとして、サンフランシスコを拠点にアメリカのハイテク企業の上場やM&Aを手がける。半導体グループのグローバル統括責任者、テクノロジー・メディア・テレコム部門のアジア・パシフィック地域の統括責任者を歴任。2001年ドイツ証券会社（現ドイツ証券株式会社）執行役員兼投資銀行本部長、2004〜2009年JPモルガン・パートナーズ・アジア（CCMP Capital Asia、Unitas Capitalへ社名変更）パートナー兼日本代表を歴任、2009年に株式会社産業創成アドバイザリーを創設し代表取締役に就任（現任）。社外取締役としての経験は2007〜2009年エドワーズ・グループ・リミテッド（現 アトラスコプコ）取締役、2011年〜オン・セミコンダクター・コーポレーション取締役（現任）、2015年〜富士通株式会社社外取締役（現任・2019年より取締役会議長）がある。

〈インタビュー時の役職〉
富士通株式会社　社外取締役・取締役会議長

バンカーからキャピタリストに

――これまでのバックグラウンドを聞かせてください。

阿部　私が社会人になったのは一九七七年で、三井物産に入社しました。部門は情報産業部門で、エレクトロニクス分野の仕事をしていました。入社後、留学制度があり、一九八二年にスタンフォード大学のビジネススクールに入学し、一九八四年に卒業しました。その後、ニューヨーク支店で、引き続き情報産業分野の仕事を手がけました。

当初の勤務地はニューヨークでしたが、対象が情報産業なので、二年目にアメリカで最先端企業との取引を行うためにシリコンバレーで別会社をつくろうということになりました。一ドル二五〇円の時代に二五〇〇万ドルという相当な資本金をいただき、入社六、七年くらいの者が三人集まって、ベンチャー投資や新興企業と組んで新規事業を展開するための子会社の創設を企画し、設立と同時にシリコンバレーに移りました。

シリコンバレーにいたときに、転職の声をかけてくれた人がいたので、ベンチャーキャピタル、投資銀行、ベンチャー企業の三つについて、転職先候補を一つずつ選んで、スタンフォード大学のビジネススクールのときにリサーチアシスタントをしていたジャック・マクドナルドという非常に有名なエクイティの先生に相談をしたところ、ここしかないといわれて入ったのがアレックス・ブラウン・アンド・サンズという投資銀行です。

当時、大手のメリルリンチとかゴールドマンサックスが大企業を対象にしていたのとは違い、高成長の会社にフォーカスし、新興企業がターゲットとする新しいテクノロジーやビジネスモデルに対する深い知識と洞察力を武器にベンチャーコミュニティにネットワークを張り、上場前のプライベート・プレイスメント（私募）、その後のＩＰＯやＭ＆Ａ、成功した起業家のウェルスマネジメント（資産管理）などに特化したサービスを提供している投資銀行がいくつかありました。それがアレックス・ブラウン・アンド・サンズ、ロバートソン・スティーブンス、モンゴメリー・セキュリティーズ、ハンブレクト・アンド・クイストの四社です。

一方、投資銀行業務を行う商業銀行としてシティグループやバンカーズ・トラストがあり、これらの商業銀行は証券業務をオーガニックに（自立的に）成長させることがうまくできない状況でした。また、高成長のベンチャーにフォーカスした投資銀行の収益性は非常に高かったので、そちらのほうに舵を切ろうとしていました。そこで、大手商業銀行による投資銀行の買収が始まって、前述の四社もそれぞれ大手商業銀行に買収されました。

アレックス・ブラウン・アンド・サンズはバンカーズ・トラストに買収されましたが、その一年後にバンカーズ・トラストもドイツ銀行に買収をされ、私はドイツ銀行に所属することになりました。アレックス・ブラウン・アンド・サンズは日本に拠点をもっていませんでしたが、ドイツ銀行になってよりグローバルになりました。私がアレックス・ブラウン・アンド・サンズで半導体グループの統括責任者だったときはほとんどの顧客がアメリカにいたこととアメリカ以外のカバレッジが弱かったためサンフランシスコを拠点にしていましたが、ドイツ銀行ではアレックス・ブラウン・アンド・サンズのビジネスモデルをグローバルに展開しろということで対象分野と地域を拡大し、アジア・パシフィックのＴＭＴ（テクノロジー・メディア・テレコム）のヘッドに指名され、サンフランシスコと東京に居を構えて仕事をしていました。その後二〇〇一年に東京の投資銀行本部をみろということでドイツ証券会社（東京）の投資銀行本部長になりました。

日本に帰ってきて、総合電機メーカーが金太郎飴のように同じ事業ポートフォリオをもっていて、これでは世界で競争できないのがすぐにわかりました。経営者に対して、一つひとつの事業や従業員を世界的な規模でコンソリデーション（整理統合）したほうがいいのではないかというと、経営者はその場では「そのとおりです」というのですが、具体的なアクションに結びつきません。経営陣と企画部門で少し話が進んでも、事業部の責任者から「社長ふざけないでください。いままで私も命を張ってきたではないですか！」といわれると、決断できないのです。

そういうことが続いて、日本の総合電機メーカーは、かつて日米貿易摩擦が起こるくらい強かったのに、残念ながらいまは非常に内向きの会社になってしまいました。半導体ももっと積極的に展開できたはずですが、かつては日本の半導体メーカーが世界を席巻したメモリーも、最後に残っていた東芝が外国資本のファンドに売却することになりました。

結局、投資銀行ではいろいろな知恵を出せるけれども、ディシジョン・メーカー（意思決定者）ではないので、顧客が決断しなければ何もできません。そこで、ディシジョン・メーカー側に行くにはどうしたらいいかと考えました。自ら会社を経営した経験や知識はありませんから、それでは資本サイドに移ろうということで、プライベートエクイティであるＪＰモルガン・パートナーズに移って、アジアの日本代表とテクノロジー部門の責任者をしました。その後、ＪＰモルガンがプライベートエクイティを外に出すことになり、われわれは自立する機会を得まして、アジア投資部門が単独で当時一二〇〇億円くらい集めてCCMP

Capital Asia に社名変更し独立しました。
ＣＣＭＰで、イギリスのエドワーズという半導体等の製造に使う真空ポンプ・メーカーでは世界シェアナンバーワンの会社（現 Atlas Copco Group 会社）を買収し、そこの取締役をしたり、ＴＩ（テキサス・インスツルメンツ）のセンサー部門（現 Sensata Technologies）をベインキャピタルと一緒に買収したりしました。海外ではいろいろな投資ができたのですが、日本ではハゲタカといわれて、なかなか積極的に動けませんでした。そこで、ドイツ証券のリサーチアナリストだった佐藤文昭さんなどと一緒に産業創成アドバイザリーという会社をつくりました。当時日本企業が技術的には世界一であったものの個々にはクリティカルマス（世界で戦える最低限必要な事業規模）に届かない事業規模に分散していた東芝、日立、ソニーの中小型液晶ディスプレイ事業を統合し、ジャパンディスプレイの創設にアドバイザーとしてかかわりました。佐藤さんは、日本の総合電機は総花的ではもうだめなので、それぞれの会社が事業をバーターして専業化し、たとえば東芝は半導体、日立は社会インフラ、富士通はＩＴサービスに特化したらクリティカルマスができるというコンセプトで本を書いています。

アメリカでのボードの経験

――アメリカで社外取締役になったのはどのような経緯ですか。

阿部　だんだん年をとると役割を見つけてくれる人がいて、二〇一一年にアメリカのオン・セミコンダクターという会社のボードメンバーをしてほしいという話がありました。当時の売上げが五〇〇〇億円強、時価総額が一兆円弱、メモリーとファウンダリーを除くと売上ベースで世界で一一位か一二位の、パワーとアナログを専門にした半導体メーカーです。

同社はもともとモトローラの半導体部門のディスクリート、アナログ、パワー半導体事業を切り出してTPGというアメリカで有数のプライベートエクイティファンドが買収し、上場させた会社です。このプロジェクトをリードしたTPGのテクノロジー部門のヘッドに、ジョン・マレンという者がいました。彼は私とアレックス・ブラウン・アンド・サンズで一緒に働いていたことがあり旧知の仲でした。

オン・セミコンダクターのボードにはTPGの利益代表としてジョンが入っていたのですが、TPGはファンドですので上場して持分の売却を終えると退任することになり、彼のかわりに半導体分野に造詣が深く、M&Aやファイナンスに関する専門知識と経験をもつ取締役候補がいないかということで、私に話が来たのです。

アメリカのボードは個人としてのライアビリティ（責任）が重いので引き受けるべきか思案しいろいろな方に相談をしましたが、多くの方々から日本人がアメリカの上場企業の取締役を経験できる機会はまれでグローバル企業のガバナンスを経験できる貴重な機会だと背中を押され、自身の興味も相まって引き受けました。結果として同社の社外取締役を務めて九年目になります。

アメリカの場合、取締役会の過半数が社外取締役であることが上場の要件とされています。オン・セミコンダクターのボードの執行取締役はCEOのキース・ジャクソン一人だけで、後はみんな独立社外取締役です。

また、取締役会のなかに上場会社には設置が義務づけられている三つの委員会が設置されています。Compensation Committee（報酬委員会）、Corporate Governance & Nomination Committee（指名委員会）、Audit Committee（監査委員会）です。私は当初、報酬委員会と監査委員会の二つの委員会の委員でした。

さらに、アメリカでは個々の事業の特質にあわせて取締役会のなかに委員会を必要に応じて任意に設置することが推奨されています。オン・セミコンダクターはテクノロジーの会社なので、会社の技術的な方向性に関し議論し取締役会に具申することを付託されているScience & Technology Committeeと、積極的に買収により事業を拡大してきていることからそれらの買収後の統合をモニターし助言をすることを付託されているIntegration Oversight Committeeという二つの委員会が設置されていました。

Integration Oversight Committeeは私が入ってから三年くらいしたときに創設され、私はそこのチェアマンをしていました。大規模な買収が終わったので、Integration Oversight Committeeを解散し、現在、私は監査委員会とScience & Technology Committeeの二つの委員会の委員になっています。

——日本とアメリカにおけるボードの違いはなんでしょうか。

阿部　基本的にあまり違うとはとらえていません。社外取締役にとっていちばん重要なのは、会社の状況を客観的な目でみていくことです。また、社外取締役はそれぞれの知見や経験をベースに執行側にアドバイスをするので、社外取締役のバックグラウンドに多様性があるほうがいい。多様性の価値を認めることがベースにないといけません。ここでいう多様性とはジェンダーや国籍・人種などの外形的な多様性に加えて、経験・知見などを含む広義の多様性です。

かつて事業のことをよくわかっていない社外取締役を入れても意味がないという意見がありました。それには正しい面もありますが、取締役会の構成に多様性があり、いろいろな意見を真摯に議論して、方向づけをしていくほうがベターです。そうした価値観を取締役間で、また執行幹部との間でも共有する必要があります。

オン・セミコンダクターでは、多様性の重要性を徹底的に組織に浸透させる努力をしています。あらゆる機会をとらえてすべてのステークホルダー（株主、従業員、顧客、取引先、社会）に対して多様性に価値を認める企業文化であることを説き、体現し、執行幹部も取締役も全員その価値観を共有しています。多様性の価値を浸透させるのに障害となるような、たとえばハラスメント問題などに対するルールも整備されていますが、そういうことを規制する、抑えるというよりは、「多様性によってこの会社の価値は発揮されているのだ」ということを全社員に浸透させることが重要なのだと思います。それができれば個別の規制やルールづくりよりよほど効果が高いと思います。

社外取締役に期待されているのは、そういう価値観をベースにした行動です。オン・セミコンダクターのボードのメンバーも一人ひとりが違うバックグラウンドと観点をもっています。そのなかで私が期待されているエクスパティーズ（専門性）は、財務的観点と市場視点、M&Aトランザクションにかかわる専門性と戦略的視点（半導体業界の方向性に基づいた戦略構築）に基づく助言です。異なるエクスパティーズを組み合わせることでボード全体の付加価値が上がるのです。

共通する行動原理は客観性であり、多様性に基づいた意見に価値があるとの共通理解で議論します。半導体についてあまり業界知識がない人が発言すると、業界に慣れている人はとんちんかんなことをいっている気がしますが、そこから何かが示唆される場合もあるし、慣れていると気づかない部分もあります。そうしたことに気づくと、ボードもうまく機能します。

問題を起こすのは、業界の知識の有無より、自分の役割を勘違いしている人です。もともと半導体メーカーを経験した人がボードにいたのですが、彼は執行側に対して高圧的で、毎回問題を見つけて糾弾していました。もちろん問題を見つけてそれを議論するのは必要ですが、彼は自分には権力があるのだ、執行側は自分の意見を聞くべきだと誤解し、取締役会が多様な知見と経験に基づく議論により最適解を導く場であることを理解していなかったのです。

その取締役が就任して二カ月くらいした頃、取締役会議長から彼についてどう思うか、正直に聞かせてほしいと電話がかかってきました。議長は全員に個別に意見を聞いたうえで、三カ月後にはその取締役に辞任を促し退任させることになりました。アメリカではそのように機能しない取締役は淘汰されますが、日本では取締役をお願いする方は社会的地位が高い、もしくは高かった方が多いので、問題があっても交代をお願いすることはむずかしく、したがって内規により取締役の在任期間を原則としてたとえば四年と規定し、必要に応じて内規をもって交代を実現するといった話を時々お伺いします。いまは世の中の変化も早いので、四年間も問題のある取締役を抱えざるをえないことは会社にとって重大な問題で、取締役会のメンバーも淘汰により質の向上が図れるような仕組みづくりが必要ではないかと考えます。

取締役会のイニシアチブで行動を起こせるか

――富士通の社外取締役になった経緯を教えてください。

阿部　二〇一五年に富士通の取締役会事務局から電話で「指名委員会での議論の結果、社外取締役候補に推挙されました。ついては受諾していただけますか」と連絡があり、いきなりだったので少し考えさせてくださいと伝えました。当時、ニフティの売却プロセスで買収に興味をもっていた会社のアドバイザーをしていたり、すでに取締役を務めていたオン・セミコンダクターが富士通の会津の工場を買う交渉をしていたので、利益相反の問題があるのではないかと伺いましたが、それらに関しては取締役会での議論や決議にかかわらないなど利益相反の可能性がある事案に関しては私を分離することにより利益相反を避けることは可能であるし、利益相反の対象になるものは取締役会がかかわる事案のごく一部であることから問題はないと思うと説明を受け、取締役への就任をお願いしたいといわれました。

また、コーポレートガバナンスを職掌に含む法務部門の当時のトップであった安井三也副社長から「富士通のコーポレートガバナンスをさらに進化させ、実質的にチェック・アンド・バランスが効く体制をつくりたい。阿部さんには業界の状況に照らして意見をいっていただきたい。業界に現役で接している人でないと役に立たない」と説得力のあることをいわれ、それならば何か貢献できるかもしれないと思い、お引受けすることにしました。電話一本の取締役就任の打診でお引受けしたのは初めてで、こんなに簡単でいいのかなと思いました（笑）。富士通の取締役の任期は一年ですから、その後毎年株主総会にて選任されています。現在、就任して四年が経過し二〇一九年六月より取締役会の議長を拝命しています。

私が取締役に就任した二〇一五年に新経営体制が発足しました。新しい社長が就任すると経営方針を対外的に発表するのですが、私は七月くらいに配られた資料をみて、「これは経営方針でも何でもない。各事業部から上がってきたものを寄せ集めて、流行りの言葉と写真をつけているだけです」と意見を伝えました。従来だとすぐに承認して発表となっていたでしょう。

そのことがきっかけとなり、戦略などに関して議論する場をもっと多く設けようと、事務局に設置されたばかりの独立役員会議にて議論する場を設けてもらいました。最近では独立役員会議はほぼ毎月開催し、現在まで合計三〇回開催しています。二〇一九年六月に時田隆仁新社長が就任し、新しい経営方針を二〇一九年九月に発表したのですが、素案の段階から侃々諤々議論しました。

取締役会の進化は三つのレベルがあると私は感じています。最も初歩的なあり方が、執行側が事前に説明をしておいて、取締役会でほぼ形式的に確認をして終わるもの。次のレベルが、取締役がいろいろな質問をクリティカルにするものの、執行側から説明を受けてそれをもって議論は終了し納得するもの。その次のレベルは、きちんと議論をして、場合によっては取締役会の総意で方向を決めてアクションをとっていくものです。最後のレベルになって、取締役会ははじめて会社に対して意味のある貢献ができると考えています。

富士通の取締役会ですが、二〇一五年に取締役に就任してから感じているのは、アメリカの会社と比べて遜色がないくらい先進的なガバナンスの進化です。それを引っ張ってきたのは、法務部門を担当している安井三也副社長です。そのコーポレートガバナンス改革推進活動のおかげなのか、富士通のカルチャーのおかげなのか、独立社外取締役の私が取締役会の議長になることについても誰も反対しなかったようです。

当初は取締役会におけるやりとりは、社外取締役の方からの質問に対して執行側の考え方の説明に終始していましたが、もう少し議論が必要な事案に関しては別途独立役員会議などで時間をとって議論をしたり、継続してモニターすべき事案に関しては定期的に取締役会に対して報告することを求めたりするなどして、取締役会での議論が経営に有効に反映され、聞きっ放し、説明しっ放しで終わらないようになってきています。

意見をいわない人はそこにいる価値がない

——社外取締役から経営方針についてもう一回議論しようと発言するのは通常むずかしいと思いますが、どうしたらそうできますか。

阿部　第一に、そういうことを憚らずにいえる雰囲気づくりです。もう一つは、意見をいわない人間は価値がないという意識をもつことです。ただし、口数だけ多いのではなく、きちんとしたロジックがあって、客観的にそれが正論だと説明できないとだめです。論理的な議論に終始し、感情的な議論は排除するといった原則が取締役会のメンバー全員に共有されていることも取締役会が有効に機能する要件だと思います。

経営方針に関する議論とは少し離れるかもしれませんが、アメリカの取締役会と取締役の対応に関して少しお話をさせてください。日本ではほとんどの会社が毎月取締役会を開催していますが、アメリカではほとんどの会社が四半期ごとの開催です。オン・セミコンダクターでは四半期ごとに大きなテーマが決まっていて、第1四半期にはオペレーションのレビュー、第2四半期には戦略のレビュー、第3四半期には事業計画の進捗状況のレビューなどとなっていて、執行側も社外取締役側もそれぞれのテーマに対して深く考え準備をしてきます。また、取締役会は二日間にわたり、十分な議論をする時間も確保されています。アメリカのCEOは大きなテーマに対してはっきりとした考えをもっているだけではなく、事業のかなり細かいことまで把握していて、議論の都度どの部分に関して聞かれても部下に聞くことなくほとんどのことに対して答えることができます。したがって「後日検討」といった積残しが少ないのです。オン・セミコンダクターのCEOの報酬は七、八億円ですが、あれだけの集中力とエネルギーを仕事にかけているのを目の当たりにすると決して過剰な報酬だとは感じられません。日本では自分の最大の仕事は社員のやる気を出させることだとして、具体的な戦略や細かいことはそれぞれの事業担当責任者に任せるスタイルをとる社長が散見されますが、社員がやる気を出す環境づくりだけではグローバルな競争に勝ち抜いていくのはむずかしいのではないかと思います。取締役会もそのような観点をもって執行側に経営の強いリーダーシップを求めていくことも必要なのではないかと思います。

執行側だけではなく、社外取締役側にもさらなる努力が必要だと思います。オン・セミコンダクターの配布資料は毎回一五〇〇ページほどあって、実際にプレゼンテーションに使われるサマリー部分とそれを裏付ける大量の資料とデータから構成されています。これをきちんと読み込んで行かずにサマリーだけを読んで質問をすると、執行側からそれは添付資料の何ページ目に記載されていますが一応説明させていただきますといわれ、資料をきちんと読んできていないことがわかってしまいますので、社外取締役側にも非常に緊張感がありま す。

富士通の取締役会資料も増えてきています。富士通ではそういう方はいらっしゃいませんが、何社も社外取締役を掛け持ちしている人のなかには、時間がなく資料にろくに目を通さずに取締役会に臨まれる方もいらっしゃるでしょう。取締役全員がきちんと資料を読み込んで来ていれば、説明は要点のみ簡潔にすることにより議論に時間をかけることが可能になり、取締役会の効率と有効性が格段に上がると思います。取締役一人ひとりが緊張感と責任感をもって取締役の責にあたることが肝要だと考えます。

――アメリカでも議長の経験がおありですが、議長の心得やテクニックを教えてください。

阿部　オン・セミコンダクターでは委員会の議長の経験はありますが、取締役会議長の経験は富士通が初めてです。まず社外取締役としての心構えですが、あまり理解されていないかもしれませんが社外取締役は執行側ではない、したがって執行への過干渉はすべきではないということです。社外取締役の多くは会社の経営に携わったり組織の長として豊富な経験と知見をもっています。執行側の話を聞いているとどうしても、自身の成功体験に基づき、時には執行側に立ち入って具体的にこうすべきだと意見をしてしまいがちです。ともすると、執行の箸の上げ下げにまで口を出したくなるわけですが、選任にあたり株主から期待された役割は執行ではないのです。会社全体の方向性の決定や執行を客観的に監視することを株主から期待されているのであって、経営の執行は期待されていないということを常に意識しなければ間違えてしまいます。ここは非常にむずかしくて、いろいろな角度から議論を重ねて、取締役会の総意として物事を決めたり変えたりすることが重要です。

議長の役割と責任については、富士通では取締役会規則やコーポレートガバナンス基本方針等にも記載されています。富士通での具体的な役割として、取締役会の議題を決めることがあると思いますが、私は事務局にまず相談をし、また経営会議での議論を把握しながら、前広に取締役会にて議論が必要であると思われる議題を選ぶようにしています。また社長をはじめとした執行部の考えや今後進んでいこうとしている方向性も可能な限り理解し、重要事案に関してはいきなり取締役会に決議事案として上がる前に十分な議論が尽くされるよう取締役会の外での議論の場も設けながら進めるようにしています。

もう一つの議長の役割は、議事進行をつかさどること。議事を進行する際に配慮することは、なるべく多くの意見を出して、かつ定められた時間内で結論を出すことです。いまの富士通の取締役会は自主的にご質問をされる方が多いので、あまり私からいかがですかということはありません。

議論の客観性を貫く

――執行側との距離感について教えてください。

阿部　あまり距離感が近すぎて持ちつ持たれつのような関係になることは社外取締役の役回りからして好ましくありません。多様性の価値観を共有し、いろいろな意見が出てくることがいいのだとみんなが考えていれば、外部から厳しい意見をいわれても感情的になることはありません。たとえば、業績がよくない事業に根本的に手を入れるときに、その事業の責任者に対して意見をいいますが、その前提として、これは個人を責めているのではなく、問題を認識して会社の総意でベストなソリューションを出すのが目的だから悪いこともすべて出してくださいといいます。そういう案件があるときは必ずこういう意図で議論をしているのだと説明をすることにしています。

――事業ポートフォリオを変えるときの社外取締役の役割をどう考えますか。

阿部　日本企業は既存事業の売却や撤退に躊躇しがちです。バランスシートのあり方、資本コストのあり方、株主に対する還元の仕方を議論しようとすると、そんなのはマネーゲームだと事業とファイナンスを分離して考える傾向があります。いまの資本主義と株式会社の仕組みないし会社法上、株主が会社のコントロール（統制）権をもっているのは明白ですが、株主だけではなくて、顧客があり、従業員があり、社会があるという反論が返ってくる。もちろん会社にとってのステークホルダーは多様で、それぞれに対する配慮は必須です。

しかし、企業活動を続けていくなかで、事業から生まれたキャッシュフローがどれだけあり、そのうち事業の維持や借入れの返済にどれだけ使う必要があるか、将来の成長のために投資できる金額はどれくらいか、最終的に残った金額はどうするのかといった戦略が根底にないと、事業の永続性は担保できないし、成長もできません。そうなればほかのステークホルダーに貢献することもできません。会社の存在意義は収益を生むことだけではありませんが、それなくしてはパーパスの実現もサステナビリティも担保できません。富士通では時田体制のもと、ＣＦＯにそれを考えてもらい発信していきたいと思っています。

ご質問の趣旨は、事業ポートフォリオを変える際には既存事業からの撤退といったむずかしい判断が必要になるが、その際の社外取締役の役割は何なのかということだと理解しますが、富士通の場合は田中前社長の時代からすでに「かたちを変える、質を変える」という戦略を掲げてきています。かたちを変えるというのは、いままでの事業ポートフォリオを変えて、ソフトウエア・サービスに集中することです。さらに時田体制になって「DXの担い手になる」ことを宣言しています。この実現のためには、既存事業の売却、撤退が必要になります。取締役会として全面的にこの戦略をサポートし、時としてむずかしい決断に直面するであろう執行側の背中を押すことが社外取締役の役割だと考えています。また、富士通が明日に向けて成長していくことも実現していかなくてはなりません。既存事業の売却や撤退だけではなく、将来を支えうる成長戦略の構築も取締役会として執行側に求め、サポートしていこうと考えています。

優秀なサポートメンバーをつける

――社外取締役としての職務に割ける時間が足りないと思ったことはありますか。

阿部　ＩＳＳ（アメリカの議決権行使助言会社）はアメリカ企業に対して、一人で受託すべき社外取締役は最大四社という指針を出していますが、私もほかの主たる業務がなく社外取締役専業の人でも、四社が限度だと思います。私は富士通の取締役会議長になってから、なるべく多くの社員との接点を増やそうと努力しています。せっかく社外取締役に任命していただいたのですから、私の知見を何かの役に立てていただきたいという考えです。たとえば、外部資本を得て新事業を立ち上げようとしている若い方の相談に乗ったりします。そういった時間も捻出し、責任をもって株主の付託に応えるためには自身が引き受けるほかの仕事はある程度自制が必要だと考えています。社外取締役は名誉職でも退職後の勲章でもなく、会社とそのすべてのステークホルダーに対して大きな責任を負う現業であることを明確に理解すべきだと思います。

情報収集の面では、富士通では、一人ひとりの社外取締役に若くて優秀なサポートメンバーをつけてもらっています。サポートメンバーは相当エネルギーがある頭のいい人で、質問をすると読み切れないくらいの関連資料を送ってきてくれます。若い方たちなので、しがらみもないですし遠慮もありません。会社をよくしたいという純粋で強い気持ちをもっている方たちです。

――サポートメンバーは取締役会事務局とは別のスタッフですか。

阿部　取締役会事務局とは別に、二〇一五年から社外役員に一人ずつ配置してもらっています。社外取締役と接して多くのことを学べることもあり、一種の相乗効果を目的としている部分もあります。サポートメンバーは自分の業務のなかでのネットワークを使って情報を収集するルートがメインですが、上司に相談してほかの部署につなぐこともあります。直接の担当でない情報も含めて、すごくいい情報をもってきてくれます。「これはまだ執行側に上がっていない報告書です」「これは正式決定したばかりの案件です」など、普段聞けない情報があります。

年齢的には二〇～四〇代ですが、部長クラスではなく、基本的には若いマネージャーです。管理職でない者もいます。部長クラスのスクリーニングがなく直接情報を社外役員に渡すので、お決まりのお知らせではないという意味でも価値があります。そして、彼らはよい意味で比較的組織にクリティカル（批判的）な人が多い。資料を送ってくるときに自分なりに意見をまとめて「これは問題なのです」ということもあるし、現場でいろいろな愚痴を聞いたり、自分自身が業務対応で苦労したりしている人の視点なので、経営層とは違う立場から現場の状況を知ることができます。

――富士通のように取締役会の質を上げるためにはどうすればいいでしょうか。

阿部　アメリカのボードだと、ボードメンバーが相互にほかのボードメンバーを評価して、匿名で議長が一人ひとりに対してフィードバックするプロセスがあります。富士通ではまだ個々の取締役会メンバーの評価にまでは至っていないのですが、引き続き検討をしてもらっています。取締役個人をきちんと評価して、足りないところをいわなければ当人はわかりません。その意味で、個々のメンバーの評価は非常に有効なので、ぜひ日本でも導入すべきです。

富士通で実施している独立社外役員会議のような施策を推奨するのもいいかもしれません。若い人による取締役のサポートメンバー制度も効果があると思います。ただそういった制度面だけではなく、社長を筆頭に執行側と社外取締役がコーポレートガバナンスを進化させることが会社の発展と成長に資するということを理解し、信じ、実践していくことが根底にないと実質的な効果は期待できないのではないでしょうか。その実現の手段は具体的には思いつきませんが、コーポレートガバナンスの先進性と会社の業績と成長性には相関がないといわれないよう、富士通においては事業の成功により世の中に対してコーポレートガバナンスの先進性による効果を実証していきたいと考えています。

社外取締役と執行側取締役との信頼感の醸成における事務局の貢献

富士通株式会社　代表取締役副社長（インタビュー当時）
安井　三也

当社の社外取締役の構成について、機関投資家からは、会社経営の経験を有しない人が多いとのご批判を受けることがあります。ただ、私の経験では、大物経営者を入れるとその発言に過度に引きずられる傾向もあるように思います。メンバーのバックグラウンドに多様性のあるいまのほうが取締役会での議論はより活発になったと思います。

社外取締役の人選にあたっては、指名委員会メンバーや事務局が、口コミのほかマスコミ等で日頃の活動をウォッチし収集した情報に基づいて候補者をリストアップし、インタビュー等を通じてお考えやお人柄を実際にみたうえで、当社にコミットしていただける方を選んでいます。その方がご自身の専門領域に立脚しつつも、株主さま、お客さま、お取引先さま、従業員、あるべき社会など、ステークホルダー全体に貢献するという当社のコーポレートガバナンス基本方針にご賛同いただけるかどうか。そこは非常に重視している点です。

阿部敦さんについては、投資家的な目線をもって当社の経営をみていただける人が欲しいと思い、前から着目していました。実際に社外取締役になっていただき、五年目に取締役会議長に就任いただきました。阿部さんは投資家の気持ちがおわかりになりますし、社内の人間より客観的に当社の経営をみることができますから、最近は海外の投資家から名指しで阿部さんへの面談申入れが頻繁に来ます。時差関係なく英語で対応いただき、その内容については阿部さんご自身から取締役会で報告いただいています。

もとより当社の取締役会は四時間を超えることもあって議論は活発ではありましたが、阿部さんが議長になって、取締役会での議論はさらに活発化し、実質的な進化をも遂げたように思います。これは、執行側とコミュニケーションを行い、事務局とも綿密に事前の打合せを行うことにより、独立社外の立場でありながら阿部さんご自身がリアルタイムに当社の動きを把握されているることがベースにあると思います。こういった取組みが、議題の設定や取締役会での議事進行等に活かされ、議論の活発化・実質化につながっていると考えています。

事務局側としては、社外取締役と執行側の信頼関係を担保できるような仕組みを整えることが重要と考え、時間をかけて取り組んできました。その仕組みとは、内部統制、独立役員支援メンバー、独立役員会議等による透明性の確保です。まず、会社法三六二条四項六号および五項の内部統制の枠組みに着目し、海外を含めたグループ各社に対し、親会社の取締役会にリスク情報を報告させＰＤＣＡを回しながら充実させていくことに取り組んでいます。これは地味ですが社外取締役との長期の信頼関係構築にはきわめて有効な施策と考えます。また、各社外取締役に若手のサポートメンバーをつけて気軽にご質問いただける体制を整えたり、経営会議での議論も包み隠さず報告しています。逆に、独立役員会議での議論や事務局にいただいたご要望は徹底的に執行側にフィードバックしています。

社外取締役と執行側が適度な緊張感を保ちつつ強い信頼関係で結ばれるなかで、適正に提供された情報に基づき多様な視点からの議論が取締役会において活発に行われ、それを当社の経営に反映させていく……そして、そういうプロセスの繰り返しを通じて、コーポレートガバナンスをダイナミックで活きたものとして実現する。そこへの貢献が事務局の使命と考えています。

社外取締役として、親子上場の利益相反問題は特に気を遣うべき

翁　百合

翁　百合（おきな　ゆり）

現在、２社の社外取締役に就任（これまで計４社の社外取締役に就任）。

1984年日本銀行入行、1992年株式会社日本総合研究所入社。2018年～同社理事長（現任）。2014～2020年慶應義塾大学特別招聘教授。株式会社産業再生機構産業再生委員兼非常勤取締役、早稲田大学客員教授、内閣府「規制改革会議・医療戦略ワーキンググループ」座長、未来投資会議・構造改革徹底推進会合「健康・医療・介護」会合会長などを歴任。現在、経済産業省「産業構造審議会」委員、金融庁「金融審議会」委員、財務省「財政制度等審議会」委員、内閣府「選択する未来2.0」懇談会座長などを兼任。

企業価値向上のために監督の役割を果たす

――社外取締役の使命はなんでしょうか。

翁　長期的な企業価値を向上させるために貢献することだと思います。取締役会は、意思決定の部分も残っていますが、監督機能のほうが大きくなってきており、取締役は執行の監督の役割を果たすことが重要だと思っています。社外取締役のバックグラウンドとしては通常、会計、リーガル、学識経験者などからなるポートフォリオが組まれていますが、私は金融、経済、コーポレートガバナンスの勉強をしてきたので、事業を理解し、そうした側面から貢献したいと考えています。

内部の人だけで会社を運営していると、気がつかないうちに世の中の動きとのズレが生じたりします。したがって、外部の視点を会社の運営に反映していくことは重要です。私が特に心がけているのはＳＤＧｓ（持続可能な開発目標）の視点です。ＳＤＧｓはいま、金融市場では関心が大きく高まってきていますが、社内の人はどうしても短期的な視点になりがちなので、長期的な視点から発言するよう心がけています。

――執行陣と社外取締役の関係は、どうあるべきですか。

翁　監督する立場から、気がついたことを率直に質問し意見をいっています。執行陣とコミュニケーションをとってOne Teamとして協働し、サポートしていく部分もありますが、一方でけん制機能を働かせていくことも必要と思います。社外取締役が常に執行陣と対峙するとはとらえていません。

執行陣がリスクの高い投資を進めようとしているときには、社外取締役はさまざまなリスクが管理されているかを確認し、大局的な視点から意見をいいます。そのときはけん制的になることもあります。一方で、協調的なこともある。たとえば、不祥事の後の立て直しのときは、社長をはじめとした執行陣による現場を変えていこうとする取組みを支持し、協力します。どちらになるかは局面によって違います。

――いうべきときとは、どのようなときですか。

翁　業種や会社によっていろいろです。たとえば、ある会社の投資事業に関しては、リーガル面等はしっかり執行部が確認する体制はありますが、それでも環境が変わり、後から出てくるリスクがないかについてたずねるようにしています。また、ほかの会社の場合、ＭａａＳ（サービスとしての移動）とかＣＡＳＥ（Connected（インターネットとの接続機能）、Autonomous

（自動運転）、Shared&Service（カーシェアリング）、Electric（電動化）の四つの英単語の頭文字）などの戦略の確認が課題になっています。

中期経営計画の位置づけも議論になりますが、会社によって全然違います。たとえば、海運など市況のアップダウンが激しい産業や大きな環境変化があるときは、中期経営計画を数字で示していくむずかしさがあり、投資家などへの説明の工夫について意見をいったりします。また、企業内のダイバーシティや働き方改革の推進についても発言しています。

親子上場の利益相反を指摘する人が必要

——ほかにはどのようなことに留意していますか。

翁　あとは利益相反に対するチェックです。社外取締役として親子上場の問題には気を遣うことも多いです。金融がバックグラウンドなのでコーポレートファイナンスの知見をふまえて、親子上場について社内の考え方の整理が必要ではないかとお話ししたこともあります。

執行側の取締役は親子上場における利益相反関係に気をつけているケースが多いと思います。ただし、金融やコーポレートファイナンスが専門の人、資本市場関係の仕事をしている人などは親子上場の問題について知っていますが、社外取締役のバックグラウンドはまちまちであり、よく知らない人もいます。

上場子会社が親会社と取引する場合には、少数株主、一般株主に対してきちんと配慮したプライシングになっているかに気をつけなければなりません。何人かの社外取締役がこの点をいっていくと、だんだん意識が高まると思います。会社によっては効率化のために、キャッシュマネジメントシステムなどを、上場子会社を含めたグループでやろうとしますが、その際、親子上場している子会社の少数株主からの視点をふまえているのか、といえる社外取締役がいないといけません。

オープンな情報共有が重要

――社外取締役としては、どのような経験が役に立ちますか。

翁　産業再生機構や企業再生支援機構で委員を経験し、会社がどういうところで失敗し、どうすれば再生できるのかがよくわかりました。また、私が最初に民間企業の社外取締役を引き受けたときはわかっていなかったことがたくさんありましたが、さまざまな経験を積み、多くの知見を得ることができたと思っています。

将来性のない事業のスピンオフも、産業再生機構などの経験をふまえれば、手遅れにならないように実行する必要があります。問題が明らかになってから、何年も経たないとその検討に入れない場合は、やはり人的しがらみがあることが多いです。先輩、後輩の関係がありますし、そこで働いている人に無理を強いることになることが多いので、やはりむずかしいのです。それで少し業況がよくなると、なんとかうまくいくかなと思って検討を止めてしまうこともあるのですが、また悪くなってくる。

――執行陣に事業再編の決断を促したことがありますか。

翁　先ほどの上場子会社について最終的にどうするつもりかとか、不採算部門の改革をどうするつもりなのかといった問題提起をしたことはあります。ある会社では、事業の経営が悪化した場合、期限を切って事業再生を図るルールをつくり、基本的にはそれにのっとっていました。ただ、大きな投資をしている部門などは抜本改革がむずかしいことがあります。また、ある会社では、本業と関連性の薄い事業部門などが課題になっていました。この会社はメインの事業以外の関連事業も手がけていて、やはり不採算の分野は抜本改革が必要だという議論は常に出ています。ただ、執行陣は必ずその問題意識はもっているので、社外取締役が何かをいわないと動かないということはなく、重要なことは経営者の決断を後押しするということではないか、と思います。

不採算部門の改革については、社内のＣＦＯや財務の人たちも強い問題意識をもっているので、その問題意識を共有することも多いです。日本のＣＦＯは経理部長的な仕事が多いといわれ、それがいいかどうかの議論も必要だと思うのですが、多くの場合ＣＦＯはリスクマネジメント全般について問題意識をもっており、投資についても資本コストを考えるべきだという意識をもっています。だから、そういうことについて社外取締役が指摘してくれると助かると思っているケースも多いように思います。

ある会社では年に一回か二回、社外取締役がＣＦＯや執行役員などと直接議論する場を設けています。ＣＥＯや取締役会会長のほかに、そうした幹部とのコミュニケーションの場があることは、とてもいいことだと思っています。

また、別の会社では、取締役会の任意の下部委員会としてガバナンス委員会やコンプライアンス委員会を設け、社外取締役が中心となって情報の共有をします。社外取締役だけの議論の機会をもつことはよいことだと思います。一方で、会社の基本方針については執行側からの説明を受けて取締役会で議論して決めていますが、取締役会以外にも、同業他社がどういう動きになっていて、こちらはこういう危機感をもっているとか、執行側がオープンに考えていることを話してくれる機会があることもよいことだと思います。

実効性評価はとても重要

――そういう関係はどのように醸成できたのでしょうか。

翁　取締役会の実効性評価があって、そのときに取締役からいろいろガバナンスについて意見をいう機会があるのです。ほとんどの会社は、真面目に、そうした意見を受けて次の年にはよりよくしていこうという意識が強くあります。ある会社では、取締役会の実効性評価で、ある項目に何人かの低い評価がついたこともあります。説明が不十分だったことが原因でそのような評価になったのですが、改善の機会にしていただくことが重要かと思います。その意味で、取締役会の実効性評価は大事な機会だと思います。

　私が社外取締役に就任してきた会社の執行部は、社外取締役に対して総じてきちんと情報提供してくれていると思っています。あえていえば、定期報告とは別に、過去に侃々諤々の議論をした事案について、その後どうなったのかをフィードバックしてくれるといいと思っています。たとえば、取締役会の時に、前回大きな争点であったものについて報告をすることにしてもらいたい。特に決定事項についてはそう感じます。

――企業価値向上のために社外取締役としてどのような取組みが有効ですか。

翁　指名委員会と報酬委員会が大事だと思います。指名委員会では主体的に経営陣のサクセッションプランに関与していくことが重要です。また、報酬委員会では、経営陣の長期と短期のインセンティブをどうするか、変動と固定の比率をどうするかなど、グローバルスタンダードを考慮し連立方程式を解くような議論をしてきています。ＰＳＵ（業績連動型株式報酬制度：パフォーマンス・シェア・ユニット）も導入した会社もあります。ＰＳＵを何に連動させたら、社内役員のインセンティブをうまく引き出せ、株主に対して説明責任を果たすことができるかなど議論します。
　また、報酬については、社内の人たちの受止め方はとても大事だと考えており、事務局を通じて社内の意見を吸い上げます。ＣＥＯとも年に何回か報酬の考え方について、コミュニケーションをとることは必要です。数字だけではなく、中長期的に重要な改革を行ったなど定性面などの評価も重要だと思っています。

――ＥＳＧ（環境、社会、ガバナンス）やＳＤＧｓ（持続可能な開発目標）についてはいかがですか。

翁　私は、ＥＳＧやＳＤＧｓについて強い関心をもっています。たとえば、以前から石炭火力への投資家の厳しい見方、環境、ＥＳＧ投資の高まりなどに問題意識をもっていました。

数年前この問題を議論した当時は、そんなことをいっても収益があがるのだからすぐにやめる必要はないという見方の人も少なくなかったですが、私はそのときに世の中、金融の流れは石炭火力に厳しい方向に動いていると思うと述べたことがあります。社外取締役は空気を読みすぎずに率直に意見をいうことが求められていると思います。

もう一つ付け加えると、ダイバーシティや女性活躍が重要な時代ですので、その観点から改革の重要性を指摘する必要もあると思っています。

――社外取締役とは翁さんにとってなんですか。

翁　社会的課題解決と持続的成長への貢献だと思っています。たまたまご縁のあった会社ではありますが、自分の経験、専門性や知識で役に立てればと思います。また、自分自身の勉強もさせていただいていると思います。

既存の価値観や慣習にとらわれず、経営変革を実現する

藤田　純孝

藤田　純孝（ふじた　すみたか）

古河電気工業株式会社　社外取締役
オリンパス株式会社　社外取締役・取締役会議長

1965年伊藤忠商事株式会社入社、ロンドン、ニューヨーク駐在を経て1995年同社取締役に就任。伊藤忠商事株式会社常務取締役を経て1998年同社代表取締役常務取締役に就任。2001年伊藤忠商事株式会社代表取締役副社長、2006年同社取締役副会長、2008年同社相談役を歴任。伊藤忠商事株式会社理事（現任）。2007年株式会社オリエントコーポレーション、2009年日本板硝子株式会社、2010年NKSJホールディングス株式会社（現SOMPOホールディングス株式会社）社外取締役、2008年日本興亜損害保険株式会社（現損害保険ジャパン日本興亜株式会社）社外監査役などを歴任。東京商工会議所特別顧問、経団連OECD諮問委員会委員長代行、東京商工会議所内日本スリランカ経済委員会委員長、日本商工会議所内大メコン圏ビジネス研究会会長、ロシアNIS貿易会副会長、明治大学国際総合研究所フェローを歴任。2008年～古河電気工業株式会社社外取締役（現任）、2011年～日本CFO協会理事長（現任）、2012年～オリンパス株式会社社外取締役（現任）、2015年藍綬褒章受章、2018年～オリンパス株式会社取締役会議長（現任）。

〈インタビュー時の役職〉
古河電気工業株式会社　社外取締役
オリンパス株式会社　社外取締役・取締役会議長

制度の外形ではなく実態が問われる

――日本のコーポレートガバナンスの状況をどのようにみていますか。

藤田　二〇一四年の日本再興戦略から、改革が急速に進み、コーポレートガバナンスコード、スチュワードシップコード、会社法の改正、監査法人のガバナンスコードが整備されました。これらにより、さらなる課題は種々ありますが、少なくとも外形的にはここ数年でガバナンス改革は大きく進展したと思います。それ以前にもコーポレートガバナンスの改革に向けてさまざまな取組みが行われてきました。ガバナンス先進国とされたアメリカでは二〇〇〇年代に入り発覚したエンロン、ワールドコムなどの会計不祥事を受けて内部統制が強化され（二〇〇二年ＳＯＸ法）、日本でも同じような枠組みが整備されました（二〇〇六年Ｊ－ＳＯＸ法）。二〇〇三年には執行と監督をより分離して、取締役会は主に監督機能を担う委員会設置会社（現在の指名委員会等設置会社）の制度が導入され、その後もガバナンス強化のための種々の試みがなされた後、今回の二〇一四年以降の一連の改革につながり、二〇一五年には監査等委員会設置会社という新たな機関設計を可能とする改正会社法が施行されました。

機関設計の第三の選択肢として可能となったこの監査等委員会設置会社は指名委員会等設置会社のように執行と監督を分離し、意思決定を迅速化する特色があり、これを採用する会社が着実に増えています。しかし、採用する会社の真意はさまざまと私は理解しています。他方、指名委員会等設置会社になっても、会社法で要求されている取締役会付議事項はアメリカと同じではありません。また、従前から日本には社外取締役がいないと指摘されてきましたが、二〇〇〇年頃から社外監査役は導入されていました。日本の監査役に対してガバナンスの設計上批判的な海外の機関投資家の意見がありますが、私は監査役が適法性をみるだけではなく、妥当性を含め、社外取締役が提起するような問題を取締役会で指摘する場面を多くみてきました。課題はありますが、日本独特の制度として機能していると思います。

私は指名委員会等設置会社の社外取締役を過去にも経験していますが、そこでの監査委員会は社外取締役が中心になるので、監査委員会を実効的に運営することのむずかしさがあります。そのため、監査委員に非執行の社内取締役を常勤で入れている会社もあります。

他方、社外取締役が選任されても、執行トップが本気で社外取締役の知見や意見を使おうと思わなければ、機能しないと思います。すなわち、執行トップのマインドセットが重要です。

最終的には変わりましたが、二〇一四年頃まで経団連等は社外取締役の導入に否定的で、社外取締役に当社の何がわかるのかといった声もありました。しかし、社外取締役を入れる意義は社内にない知見や判断をインプットしてもらうことにあります。日本の会社の大きな問題は、共同体的な体質です。学校を出て会社に入り、そこに終身勤め続ける人々の集団が、社外の知見を取り入れて会社としてのダイナミズムとガバナンスを取り戻すことに、社外取締役の存在意義があると思います。

会社のダイナミズムを取り戻す

——会社共同体の何が問題なのでしょうか。

藤田　日本の会社は一般的に終身雇用、年功序列制のもと、従業員と従業員ＯＢの役員で運営され、さらに、社長の人事権が強く、たとえば、社長自身が取締役や後継者はもとより、本来執行の監督をしなければならない監査役まで決めています。そのために本来資質がない人が処遇的に監査役になっているケースも見受けられます。また、社長の権限が絶大なために、経営執行会議でそのほかの役員たちが社長に対してものをいえない会社もたくさんあります。さらに、取締役の選任はもとより、社長自身の後継者も社長が決め、日本の社長の多くは社長を辞めたら会長、会長を辞めたら相談役になります。いまは改革の流れで開示が必要となったので、それをやめた会社も増えましたが、名前を変えて特別顧問等の名称で継続している会社もあります。これらの共同体的特質のすべてが悪いわけではありませんが、これまでも今後も日本企業のガバナンスに潜在的に影響を与えうる特質として理解しておくことが必要と考えます。だからこそ社外取締役が選任され機能することが重要になります。

もう一つの問題点は、経営人材の流動性が低いことです。日本では学校を出て同じ会社に勤め続ける人が多く、社外の経験を積んだ人がトップとなるケースはきわめてまれであり、それが日本の会社のダイナミズムを損なっている側面があると思います。社外の人が会社のことをわかるのかという意見もありますが、ほかの会社で経営トップを経験した人やCFO、経営企画法務、営業、技術、製造担当等の役員を経験してきた人がその会社のやり方をみたときに、いい部分もあれば欠けている部分もあるはずです。人材の流動により社外の知見を活かすことができれば、日本企業の「経営の質」は上がっていくと思います。

別の問題ですが、二〇一四年頃までの過去三〇年の日本企業のTOPIX銘柄の資本効率はＲＯＥ平均五％ほどだったというデータもあると記憶していますが、対応する株主資本コストは七～八％だったと思います。要は資本効率が株主資本コストを下回っていたわけです。一方、株価の比較ではこの三〇年間でアメリカは約六倍になり、ヨーロッパも二～三倍になっているのに、日本の株価がほぼフラットで上がらなかったのはそれも大きな要因であると思います。

ＲＯＥ五％であっても何もいわなかった日本の機関投資家にも問題があります。今回の改革の少し前までは、日本の会社の執行のトップに「あなたの会社の株主資本コストはどれくらいですか」と聞くと、おそらく答えられなかったトップは多かったと思います。日本の経営のレベルはある意味その程度だったともいえるのです。

いささか古い話ですが、私がいた伊藤忠商事は一九九九年に約三〇〇〇億円の処理損を計上して不良資産を一掃する経営改革に踏み切り、リスクアセットベースで八％の利益を出さないセグメントは潰すと決め、現実に一五〇くらいのセグメントのうち三〇セグメントほど、あるいは一〇〇〇社あった子会社のうち三〇〇社ほどを縮小・撤退しました。この際取り入れた考え方は、会社が保有する資産から発生しうる最大の損失額であるリスクアセット額を把握し、それをリスクバッファーである株主資本と均衡させること、そのために当時の株主資本コスト八％を考慮したＲＲＩ（リスクリターンインデックス）八％を基準にして前述の資産入替えを行いました。すなわち、リスク管理に有効でリターンを株主資本コストと比較することで企業価値創造の尺度として使用可能なＲＲＩを採用したわけです。この指標で資産効率の評価と投資判断のハードルレートとしました。このように株主資本コストを意識して経営している会社は当時は非常に少なかったと思います。

前述の日本企業の低い資本効率に関連して、戦後の日本経済の復興とその後の高度成長期に会社に豊富な資金を提供して成長を支えたメインバンクの役割は大きかったと思います。一方、メインバンクは資金の提供と返済の確保という意味でのデットガバナンスは効かせましたが、会社に資本の効率を追求するいわゆるエクイティガバナンスは相対的に弱かったと思います。私は伊藤忠商事で経営企画担当役員や、ＣＦＯとしてメインバンクや金融機関とお付き合いし多大な支援も得ましたが、そのような印象をもっています。

社外取締役として、常に新しい知識を吸収する

――そうすると、社外取締役の役割はどういうことになりますか。

藤田　社外取締役の重要な基本的役割は経営の監督であると思います。それぞれの経験・知見をベースに社外取締役でなければいえない意見もあると思いますし、間違った経営判断にストップをかけるという役割もあるでしょう。リスクテイクを促して経営の後押しをするという役割もあると思います。内部統制やコンプライアンスをモニターする役割もあります。また、場合によっては社長の退任を求める役割もあると思います。これらの社外取締役の基本的な役割とは別に社外取締役が参画した指名のメカニズムで執行陣、特に社長の経営のパフォーマンスを継続的に評価し、また中期的なサクセッションプランをきちんとつくらせて、現社長への一任ではないかたちで取締役、特に次期社長の選任プロセスに関与することがきわめて重要だと思います。しかし、任意も含めて社外取締役が入った指名委員会の仕組みをもつ会社は二〇一九年時点でまだ東証一部上場会社でも半分以下です。

経営戦略策定への関与や、社長等の経営陣との意思疎通は、いうまでもなく必要なことで

す。私の経験を申し上げると、個別に執行トップと意思疎通することを心がけますし、定期的に社外取締役だけによる社外取締役懇談会の場を設けて、経営全般の話をし、そこで出た経営の問題点を執行側へフィードバックするということもやります。また、次に述べるオリンパスでは毎回の取締役会の終了後、社外取締役のみのセッションを開いてその日の取締役会の議論関連を含め経営上の問題点・課題等を議論しそれを取締役会議長から執行トップにフィードバックしています。

また、私はいま、オリンパスの社外取締役として、二〇一八年から取締役会議長になっていますが、取締役会の議論を円滑に運営するために、経営執行会議にオブザーバーとして出席してそこでの議案の議論・論点を理解するようにしています。また、同じく私が社外取締役をしている古河電気工業では非業務執行の取締役会長が取締役会議長で、私は経営会議には出ていませんが、取締役会の議案によっては、経営会議でどのような議論があったか社外取締役が説明を求めることがあります。このことはやがて種々の論点を含む案件については、経営会議での議論を執行側が自発的に説明するようにもなり、取締役会の審議の実効性向上につながります。またいずれの会社の場合も取締役会の冒頭にそれまでの経営執行会議の議案を一覧表で示して取締役会議長が説明しているので取締役会に報告案件としてもかからない案件や、前回の取締役会で出てきたフォローアップ事項も含めて必要ならチェックができる仕組みになっています。執行と監督の分離を進めるうえで有効と考えます。

他方、社外取締役として常に心がけていることは、議題に関して自分で必ず事前に下調べしてから取締役会に臨むことです。また、平素何もしなければ知識は陳腐化してしまいますので、取締役会での議論に耐えられるように、常にマクロ情勢を含め会社経営に関する情報や知識の吸収・アップデートを心がけています。取締役会の議論に付加価値を付け加えられなければ、社外取締役の存在意義はありません。その意味では社内の執行陣に対する評価も大事ですが、社外取締役に対する評価も非常に重要であると思います。

取締役会の実効性評価を改革につなげる

――どのようなかたちで取締役会の実効性評価をやれば、実のあるものになるでしょうか。

藤田 まず、ただ形式的に評価をするのでなく、そこから出てきた経営の課題、取締役会運営上の評価結果を分析し、毎年 follow-up することが大切です。そのため、取締役全員にアンケートしたうえで内容についてインタビューを実施すべきです。アンケートの分析は外部機関にやらせて、統計もとる。それをベースにして取締役会で、何が課題で、今後どのように改善すべきかを真剣に議論することです。それをしっかりやれば、いい方向に進んでいくのではないでしょうか。アンケートへの回答を文章のみで書く方式にすると統計的な分析がむずかしくなるので、選択肢に加えて補足意見があれば記入を求めるのがいいと思います。また、インタビューを取締役会議長にやってもらうのか、第三者にやってもらうのかはそれぞれの会社で工夫されればいいでしょう。

いずれにせよ、形式的にやるだけでは意味がありません。実効性評価をやると、中期経営計画の内容が乏しすぎる、過去の投資の結果がきちんとフォローされていない、事業ポートフォリオの改革が進んでいない、リスクマネジメントに改善すべき点があるなどの指摘やその他取締役会の運営全般についての意見が必ず出てきますから、それをベースにその後の取締役会の改革につなげていくことが大切です。また、実効性評価は開示されますのでこれによりある意味で取締役会の見える化が実現します。実効性評価やコーポレートガバナンス報告を通じて取締役会の状況を開示しなければならなくなったことは、改革の一つの成果だと思います。

たとえば、実効性評価によって本来やるべき事業ポートフォリオの見直しをやっていない、または進みが遅い場合、それはどういうことなのか説明を求められます。あるいは、当初描いた成長戦略を計画どおり実行していない、中期計画と業績に乖離がある、グループガバナンスに課題があるなどの指摘も出ます。取締役会付議事項についても、細かすぎではないか、執行側にもっと委任できないか、書面報告でいいのではないか、回数や時間をもっと少なくできないかというような提言も出てきます。

取締役会の実効性評価をやっていれば、いま申し上げたことを含め種々の課題が出てきます。形式的にやっている会社とそうでない会社があると思いますが、取締役会の実効性評価の導入はコーポレートガバナンス改革の一つの成果です。最初の頃の実効性評価の設問は「取締役の数は適正か」「取締役会の構成はどうか」など形式的なものが多かったのですが、そのような設問は二、三年後には改革の実態にあわせて変わっていきます。実効性評価とフォローをきちんとやることはある意味で取締役会議長の責任だと思います。

粘り強いモニタリングが成果につながる

――不採算事業の撤退を促すのはむずかしいという声をよく聞くのですが。

藤田　何をもって不採算というかは、その会社の事業内容・経営内容によって違うでしょう。資本効率の指標として何を使うのかは会社によって違うと思います。たとえば、Ｐ／Ｌの営業利益でみるところもあれば税後利益でみるところもあります。前述しましたとおり伊藤忠商事では一九九九年当時の経営改革時バランスシートのアセットを全部リスクアセットに評価し直して、リスクアセットは基本的にリスクバッファーたる株主資本でカバーされるものとして、株主資本コストをベースにＲＲＩ（リスクリターンインデックス）八％を使って事業の採算性を測り、不採算事業の撤退を進めました。このような特に規模の大きい縮小・撤退を進める場合、必ず痛みを伴い抵抗を招くので、執行トップ（社長）が決断し、思想と基準を明示して強力に進めることが必要です。伊藤忠商事の上述の基準は財務内容の改善と収益力の増強がある程度進むまでは厳格に守りましたが、会社のその後の経営内容・財務内容の改善にあわせて守り・規律中心から攻め・成長へと変化させ、国別株主資本コストや国別・

産業別WACC等を考慮した指標に変えています。個別企業の事例として申し上げました。

いずれにしても、会社の成長のために、資本効率の低い事業やポートフォリオの見直しは当然やるべきで、取締役会で立てた方針が一向に進んでいないということであれば、社外取締役として取締役会で執行側に推進を促す必要があると思います。あるいは、中期計画で描いた収益力増強計画の進捗を取締役会で粘り強くモニターする必要があります。また、内部統制やコンプライアンス等の課題があればそれもモニターを怠ってはなりません。

――粘り強くモニタリングすることが成果につながっているということですね。

藤田　私はそう考えています。

――社外取締役が役員報酬制度の改革や指名委員会の設置を提言するべきでしょうか。

藤田　そう思います。日本の経営者は、会社の成長のために挑戦をして、それがうまくいけば高い報酬を得られるような仕組みに必ずしもなっていません。すなわち、報酬のインセンティブ性が低く、また、取締役の責任に対して報酬がアンバランスだと思います。役員報酬も固定報酬が占める割合が大きいので、これでは挑戦するよりも失敗しないほうが大切だという考えが醸成されてしまう側面があると思います。もっと業績連動の部分を増やすべきです。また、報酬総額規模・支払手段や業績連動に適用する指標・KPIについても検討すべき諸課題があり、それらを社外取締役が入った報酬委員会の仕組みを通じて改革すべきです。なお、東証一部企業で任意を含めて報酬委員会を設けている会社は二〇一九年の時点ではまだ五二％台です。

私が過去に社外取締役をやったことがある会社では、当時社外取締役は私一人しかいませんでした。あらゆることが経営執行会議で審議ずみのため、取締役会で質問するのは多くの場合私だけでした。役員報酬が議題になり、私が役員報酬の考え方について社内の役員は賛成しているのか、どこまで理解されているのか、ということを質問したことがあります。返ってきた答えは、「その件は社長に一任されています」でした。

これがある意味先ほど述べた会社共同体の実態です。他方、東証一部上場で任意を含めて指名委員会を設けている会社は二〇一九年の時点では半分にもなっていません。その仕組みがなければ、役員の選任も基本的に社長にお任せになっているということです。役員の選任については社外取締役の役割のところで前述したとおり、社外取締役が参加した指名のメカニズム（指名委員会）をつくり、社長一任でない仕組みをもつことが重要だと思います。

――コーポレートガバナンス強化のキー・ドライバーはなんでしょうか。

藤田　明確に答えるのはむずかしいですが、コーポレートガバナンス改革の出発点は、会社が持続的に成長していくために、経営をどのように変えていくかという問題意識だと思います。会社の成長のために会社共同体の問題点を是正する必要があり、社外取締役を導入して、取締役の評価、再任・不再任、あるいは次の経営者の指名を社長に一任するのではなく、社外取締役が入ったシステムのなかで運営していくべきだということです。そういうシステムが定着すれば、会社の経営はよくなっていくのではないでしょうか。すなわち、社外取締役の参加を通じて取締役会の実効性を高めることができると思います。一方、経営は基本的には執行取締役がやるわけで、強力な執行陣による執行と社外取締役による有効な監督の二つがうまくかみ合うことが重要と思います。あわせて、選任した社外取締役を機能させ、ガバナンスを強化しようとする執行トップのマインドセットも大前提です。

オリンパスでは、真のグローバル・メドテックカンパニーに向けた企業変革プランを打ち出し二〇一九年に機関設計を監査役会設置型から指名委員会等設置型に変更、取締役会メンバーにグローバル企業や医療機器メーカーでの経営経験をもつアメリカ人社外取締役を登用し、執行役体制もグローバル化、執行への権限移譲を進めて、執行の意思決定の迅速化と取締役会によるモニタリングの強化を図りつつガバナンスの強化と企業変革を進めています。この経営改革は現在まだ途上にありますが、私は社外取締役として着実に進展していると判断しています。

コーポレートガバナンス強化のためには取締役会が実効性をもって機能することが必要ですが、そのための要素として取締役会の構成があります。まず、独立性の高い社外取締役が複数（できれば過半数）入っていること。そこでは社外取締役の多様性、すなわち、知見、経験、国籍、ジェンダーを考慮し、さらには会社の事業内容、今後の方向等を考慮して具体的な構成を考えるのがよいと思います。また、私は企業経営の経験者が少なくとも半分（できれば過半数）はいることが望ましいと考えます。そのうえで、常に将来を見据えながら構成を考えていくこと、すぐに実現できない場合も計画的に最適な構成を実現するよう進めるべきと考えます。

会社のいまを見つめ直し、未来について議論する

小林　いずみ

小林　いずみ（こばやし　いずみ）

ANA ホールディングス株式会社　社外取締役
三井物産株式会社　社外取締役
株式会社みずほフィナンシャルグループ　社外取締役
オムロン株式会社　社外取締役

1981年三菱化成工業株式会社（現三菱ケミカル株式会社）入社、1985年メリルリンチ・フューチャーズ・ジャパン株式会社入社、1998年メリルリンチ日本証券株式会社業務部長、2000年同社業務統括本部長、2001年同社 Chief Administrator、President/Rep Director を経て、2001年同社代表取締役社長に就任。株式会社大阪証券取引所、サントリーホールディングス株式会社の社外取締役を歴任。2013年～ANA ホールディングス株式会社社外取締役（現任）、2014年～三井物産株式会社社外取締役（現任）、2017年～株式会社みずほフィナンシャルグループ社外取締役（現任）、2020年～オムロン株式会社社外取締役（現任）。経済同友会副代表幹事・教育問題委員会委員長、世界銀行グループ多数国間投資保証機関長官、キユーピー経営アドバイザリーボード社外委員を歴任。日本放送協会ガバナンス委員会委員（現任）、株式会社フェニクシーファウンダー（現任）、東京都「東京と日本の成長を考える検討会」委員（現任）、経済同友会教育革新ＰＴ委員長（現任）。

〈インタビュー時の役職〉
ANA ホールディングス株式会社　社外取締役
三井物産株式会社　社外取締役
株式会社みずほフィナンシャルグループ　社外取締役

何を期待しているのか、トップの考えを直接聞く

――社外取締役への就任を依頼されたとき、どのようなことを確認して引き受けるかどうかを決めますか。

小林　いちばん気にするのは、声をかけてくれた会社のトップが私に何を期待しているのか、取締役会の運営をどういったものにしていきたいのかということです。引き受けるにあたっては必ずCEOと面談をするわけですが、その際に形式を整えたいと思っているだけなのか、本質的になんらかの寄与を期待しているのかを確認します。

CEO本人から直接お考えを聞いて、考え方があわないようであれば、お断りします。たとえば、単純に女性を取締役会に入れたいという意思で声をかけていただいたときはお断りするようにしています。それは形式を整えたいということですので。また、ストレートに何を期待しているのかを聞いたときに口ごもるようであれば、たいがい形式を整えたいということですので、やはりお断りします。

会社の具体的なビジネスに関しては執行の方のほうが絶対に詳しいので、そこまでは立ち

入らないと割り切っています。むしろ、日本だけではなく海外も含めた経済の動向とか、企業経営やガバナンスの潮流がどのような方向性にあるのか、といったところを考えて、常に違う視点から、会社に対して意見をするということがいちばんの貢献になると考えています。

私はいま、三社の社外取締役を務めていますが、いったん引き受けた以上、社外取締役としての仕事を最優先にしています。政府の審議会等の委員への就任を依頼されることもありますが、取締役会の日程と重なるようならお断りしています。その時々の状況に応じて三社間で優先順位が発生することもありますが、先方にも調整していただいて、フレキシブルに対応しています。

社外取締役の仕事にかかる時間も最初の段階で確認します。会社によって月のなかでどの時期に取締役会が開催されるかは異なりますし、株主総会や現場視察にも参加しなければいけませんので、スケジュールが重ならないように年間の予定を伺います。ほかの社外取締役にどんな方が選ばれているかも確認します。ほかにどんな方がいるのかは、取締役会の運営がどのような感じになるのかを想像するヒントになります。

現状を共有し、将来像を議論する

――取締役会の運営方法について、注文をつけたことはありますか。

小林　あります。定型的な承認事項はできる限り現場に意思決定を委譲して、将来計画など戦略的な議論に時間を使ってくださいということは、何度もいろいろなところでお話ししています。そのように働きかけると、どんどん変わっていきます。

三井物産では取締役会メンバーが戦略的な話をするために、年に一回合宿をすることになりました。合宿で議論、共有したことが、その後の取締役会での中期計画、予算、採用、役員指名、投資案件などの議案の処理に反映されています。

たとえば、投資案件が提案された場合、当該案件単体の収益性をチェックするだけではなく、本当にそれは当社の中核的な事業なのか、どこまでやるのかというような議論になるので、合宿での議論がとても役に立っていると思います。追加投資について議論した結果、いまは資産を追加するときではなくて売るときだろうという議論が起こることもあります。

合宿のほかには現場視察があります。現場がどういう問題を抱えているのかを取締役会メンバーが理解、共有するのに役立ちます。ただ、気をつけなくてはならないのは、どの会社も現場視察の機会は設けますが、執行側は新しい取組みやうまくいっているところしかみせようとしないことです。本当は、うまくいっていないところの視察をすべきだと思います。

自分から、こういう現場をみせてほしいということもあります。ただ、どの現場でもよいので、その現場のスタッフとオープンに議論する機会は有益だと思います。現場の人たちにとっても、取締役会のレベルで何が議論されているのかはなかなか聞く機会がないはずです。現場の長や子会社の社長を呼んで、取締役が全員そろってその方の話を聞くといった会を定期的にセットしている会社もあります。

取締役会メンバーにおいて、会社がいまどういう状況に置かれているのか、何が強みで何が弱みかといったことが共有されていないと、会社がこれからどういう方向に向かっていくかを議論することがむずかしくなります。細かい数字より、事業ポートフォリオの全体像と、それが三年、五年の計画のなかでどのように変わっていくか、外の世界がどう変化するかを考える必要があります。

ある会社の取締役会にはハイレベルな議論ができるメンバーがそろっていて、みんなが専門性を持ち寄って中長期的な視点からの議論をしています。別の会社は先の姿が読みづらい業態で、取締役会のメンバーはみんな著名な経営者なのですが、将来像を描くのに苦労しています。

社外取締役になる人は、過去に業績をあげた人が多いと思いますが、いまの変化の激しい時代において会社の将来像を描くためには、過去の経験だけに頼るのは十分ではないだろうと思います。経営者としての実績がある人は、執行陣に対する抑えになりますが、ほかにも多様なバックグラウンドをもった人が参加すべきです。特にテクノロジーで大きく変わる業界については、もっと斬新な意見を取り込まなければいけないのではないかと感じています。

――会社の将来像として、何年くらい先をイメージされていますか。

小林　私自身は一〇年くらいですね。執行側は三年間の中期計画に沿って足元の利益の確保を重視しますが、会社が一〇年後にどのようにありたいかという目標がなければ、三年の中期計画は意味をなしません。一〇年先をイメージするのはなかなかむずかしいことですが、少なくとも会社が目指す姿を考え、さまざまな不確定要因に対応できるようにしておくのが私の役割かなと考えています。

たとえば、商社はさまざまな投資案件を抱えていますから、短期的な収益源、中期的な収益源、長期的な収益源を組み合わせることができます。そのため、経営トップの方たちも将来像についてある程度のイメージをもっています。航空は規制産業ですから、政府の政策を脇に置いて会社だけで将来を議論しても限界があります。いちばんむずかしいのは金融ですね。一〇年後の金融がどうなっているかはなかなかわかりません。ただ今回のコロナ禍で従来型の金融機関が担う役割を再確認した部分はあると思います。

サポート窓口は一本化が望ましい

――社外取締役は監査役とコミュニケーションをとる必要があると発言されていますが。

小林 取締役会の議案は、事務局と執行陣がスクリーニングして決めています。監査役はその裏側の情報、取締役会に上がってこない情報をたくさん入手していますので、事前に社外取締役と共有しておいたほうがよいと思ったことについては、どんどん声をかけてくださいとお願いしています。監査役とのミーティングは、会社によって違いますが、社外役員会のようなかたちで年に一、二回開催されることもあるし、指名委員会等設置会社では取締役が監査役の役割を果たすので、取締役同士で議論する際に情報共有してもらっています。

加えて、社外取締役だけで自由に話せるような会議も有益だと思います。社外取締役会をやってくださいというと、事務局がアジェンダまで含めてセットしてくれますが、アジェンダなしで社外の取締役、監査役だけが集まって自由に自分が感じていることを議論できる場があったほうがいいと考えています。何か重大なこと、社長の進退にかかわることが起きたときには、社外取締役が積極的に動いて問題を解決していかなくてはならないので、日頃から問題意識を共有し、連携することができるようにしておく必要があります。

――会社の社外取締役へのサポート体制について感じていることはありますか。

小林　特段取締役会事務局という名がついている必要はなくて、総務部でも法務部でもいいのですが、社外取締役の窓口機能を担う担当者を置いていただきたいと思います。もちろん日程調整などはアシスタントの方が対応してくださればよいですが、窓口の責任者が一人いて、社外取締役の質問を社内の適切な部署に伝えて、必要な情報をとってきてくれると助かります。秘書室や取締役会事務局など、窓口が複数あって困る場合があります。質問するときに誰に聞いていいかわからないと、フラストレーションがたまります。

また、できれば同じ人がほかの社外取締役のサポートもしていれば、同じようなリクエストが来たときに効率的に処理できるかもしれません。責任者は中堅クラス以上の方がいいと思います。時には執行側にとって議論を躊躇する要求があります。そうした際社内の壁を越えて調整しなければならない場面もあると思います。

――窓口になる人にはどのような情報収集を依頼しますか。

小林　取締役会の議案に関する追加情報や、世の中でこういうことが起こっているが当社ではどう対応しているかといった情報です。

数字については、会社から提供される情報量が多すぎることがよくあります。われわれは限られた時間で結論を出す必要があるわけですから、重要なものを精査してもう少し絞ってほしいと思います。一方、社内で議論されているリスク情報は包み隠さず出してほしい。

会社のカルチャーに関することは、説明してもらってもむずかしいので、現場にお客さまとしてふらっと行って世間話をしたり、取引先に伺ったりして、自分なりに把握しています。

自分自身への投資は必須

――社外取締役の職務を遂行するうえで、どのような努力が必要だと思いますか。

小林　たとえば、社外取締役としてM&A案件を審議するときにどのように考えるかは、会社が教えられるものではありません。自分自身が外に出て行って、いろいろな知識を得るなかから、考え方をつかんでくるしかありません。

アメリカにウーマン・コーポレート・ディレクターズという女性の取締役を主体にしたグローバルネットワークがあって、企業社会で問題になっていることや、テクノロジーの状況など取締役会で議論されるテーマを広範に勉強する場を提供しています。私としては、そういう場に出て行って新しい視点を取り込んでくるという努力をしています。

海外の取締役会で話題になっていることは、日本でも数年後には話題になりますので、海外の状況を定期的に知り、取締役会での視点に活かすことは重要だと考えています。会社の事業のことをよりよく知るためには、その機会を得られるよう会社にお願いする必要がありますが、社外取締役としての質を高めるためには、自分自身に対する投資をしていく必要があると思います。

事業再編の後押し

――社外取締役として会社に事業再編を促すこともありますか。

小林　先ほども申し上げましたが、私たちは個別の事業より、ポートフォリオがどうなっているかを気にしています。ただし、過去の投資がどういう状況かを定期的に報告することはしつこく求めます。結果的にうまくいかなかったのなら、その理由もしっかりと分析するよう要求しなければなりません。主力事業ではないのに、一時的な持込み案件で少し収益があがるかなと思って買ってしまったとか、会社にオペレーションの力がなかったとか、失敗は失敗で受け入れますが、その原因を分析して社内で共有するようにしてくださいということはすごくいっていますね。

事業ポートフォリオは、出してくださいといわないとなかなか出てこないですね。たぶん会社自体も事業ポートフォリオ全体をみるということをあまりやっていないのではないでしょうか。われわれが要求することによって、事業ポートフォリオの一覧をつくる習慣ができるということはあると思います。横串を刺して事業をみていけば、なかには新しいシナジーが生まれる事業もあるかもしれません。そういう意味で、事業ポートフォリオ全体をみることは経営にとってプラスになります。

事業ポートフォリオ全体をみたうえで、撤退・売却すべき事業があった場合に、その判断の最も大きな障害になるのは、やはり従業員をどうするかということです。私自身は外資系出身でリストラもしてきたので、できないことはないだろうと思ってしまうのですが、やはり社内の人の感覚は少し違います。そういうときは、テクニカルにこういう準備をすれば解雇も可能と思うので、もう少しつっこんで検討してくださいということをいいます。

日本企業は、とにかく人は解雇できないものだと思っています。若い人はどんどん転職して、会社が捨てられているのではないかと思うのですが。ほかの取締役の方はたいてい会社に同調的ですから、別会社をつくってそこに人を移すというアイデアが出てきたりします。しかし、それでは問題の解決になりません。売却できる事業はいいですが、売却できない事業については、やはり社外取締役が背中を押さないと、なかなか自分たちでは決断できないと思います。一方今回のコロナのような不透明な事態においては、足元の経営だけでなく回復後の事業状況をよく考えて適正人員とスキルのあり方を考えたうえで判断する必要があります。

――投資家の株主とコンタクトすることもありますか。

小林　投資家から社外取締役と会いたいという申出があれば、受けています。私にとっても投資家が何をみているかがわかるいい機会だととらえています。申出は投資家から直接来ることも、ＩＲ部署を通して来ることもあります。投資家説明会に社外取締役が呼ばれることもあります。

直接申出が来た場合には、会社に断ったうえで受けるようにしています。もっとも、会社側からの情報も聞いたうえで問題ある投資家と判断した場合はお断りをします。面会の依頼は外国人投資家からが多いです。報酬制度や社内の人材活用、ガバナンス体制など、テーマを絞って聞いてきます。

CEO選任の適否の客観性を担保する

――指名委員会の運用状況はどうなっているでしょうか。

小林　指名委員会等設置会社か、任意の指名委員会を設置している会社かで状況は大きく違います。指名委員会等設置会社では、執行側からの提案はありますが、最終決定は社外取締役を中心とする指名委員会が下しています。

独立した委員会が社内で本命と目されていた人とは異なる候補者をCEOに選んだとき、一部のOBからは社外取締役がCEOを選任することに否定的な意見があったようですが、前CEOも最終的に委員会の判断に納得してくれました。どの候補者が絶対的に優れているかということではなく、その時の事業環境と、経営課題を乗り越えるのに必要な資質は何かを特定することに議論の時間を使いました。本人たちはうすうす気づいていたと思いますが、いろいろ理由をつけて取締役の会議に呼んで、担当部門の状況を聞くなど、段階的に一年以上をかけて決めました。

任意の指名委員会を設置している会社では、いま会社がどういう状況で、どういう方向に向かっているのか、それをリードするに必要なスキルは何か、それに対して候補にあがってくる人たちの何が強みで弱みなのかを示してほしいと要求しています。指名委員会の役割は、執行側の提案に対して、その人の資質がその時の会社の状況にあっているかどうかを議論することだと思っています。そして、候補者の数を絞ったうえで、執行役員会議等の社内会議にオブザーバーとして参加して、それぞれの候補者の行動を観察するといったことが必要です。

――指名委員会にCEOが入ることについてはどう評価しますか。

小林　任意の指名委員会ではそういうケースが多いと思います。社外取締役だけで判断するのもむずかしいので、執行側の人が参加することが一概に悪いことだとはいえません。ただ、過半数は社外取締役であるべきだと思います。もっとも、社外取締役のなかに次のCEOは現CEOが決めるものという考えの人がいると議論にならないので、任意の指名委員会のミッションについての指針が必要だと思います。法定の指名委員会にもそのような意識の社外取締役がいては意味がありません。

後任CEOの人事は会社の将来を左右する大きな決定ですが、日本のCEOは自分がかわいがってきた人を選び、自分よりも優秀な人を敬遠することになりがちです。優秀な人を選ぶと、自分のやったことが否定されてしまうからでしょうか。そのために、経営者がどんどん小粒になってしまいます。CEOが後任を提案するのはいいと思いますが、その妥当性を客観的に検証する必要があります。

指名委員会としては、執行側に時にはもう少しタイプの違う候補者を出してほしいということもあります。また、指名委員会のほうから社内の候補者を提示することはなかなかむずかしいですが、取締役会の議案説明などある程度接点のある人について、この人は候補者としてどうなのか、今回は無理でも今後の可能性について提案することはあります。

——CEO交代のタイミングを計るにあたって、株主総会での賛否の比率は参考にしますか。

小林　通常の経営がされている限りはさほど気にしていません。しかし前年の総会での株主の反対票が多い場合には、何か問題があるはずなので、株主が声をあげる前に、社外取締役としてアクションをとらなければいけないのでしょう。

独立性を確保するために経費の所得控除を認めるべき

――日本の社外取締役の状況について問題と考えていることがありますか。

小林　男性で、別の会社である程度の役職についたうえで退任して社外取締役になっている人たちは、出身母体の会社から車や秘書をつけてもらって当たり前と思っていることが多いと思います。他方、そうでない方の場合は、社外取締役を務めている会社に便宜の提供を期待することになります。場合によっては、先ほど紹介したような直接当該企業に依頼されたものではない海外の会議に参加するための費用なども取締役就任先企業が出してくれることを期待する人もいるかもしれません。

しかし、社外取締役としてより良く機能するために行う自分に対しての投資の部分は、やはり自分で身銭を切らなければいけないと私は思います。問題は、社外取締役の報酬は給与所得なので、経費の控除が認められないことです。社外取締役が自分自身に対して投資をして、研鑽を積むことが期待されているとすると、税制上も経費を認めるべきではないでしょうか。社外取締役の社会的な意義を認めるとすれば、その報酬をめぐる税制を見直す必要があると感じています。

社外取締役としての職務を執行するためにかかる費用のすべてを取締役を務める会社がもつとすると、社外取締役の独立性、あるいは会社との距離感の適正さもあやしくなるのではないでしょうか。社外取締役は自分たちが思ったように執行側が動いてくれなかったときには辞める覚悟がなければいけません。しかし、いまのままでは社外取締役が個人的に秘書を雇うこともできません。社外取締役の独立性を担保するためにも、税制をそれにあったものに変えていく必要があると思います。

「社外取締役の在り方に関する実務指針」の解説

本書のインタビューをより深く理解いただくために、インタビューの内容も交えつつ、ガイドラインについて簡単に解説させていただきたい。紙面の関係上、特に重要なポイントに絞っているため、ぜひ本書とあわせて、ガイドライン本体もご覧いただけるとありがたい。

「社外取締役の在り方に関する実務指針」とは

まず最初に、ガイドライン策定に至るまでの経緯を振り返りたい。二〇一三年六月に安倍政権のもとで閣議決定された「日本再興戦略―JAPAN is BACK―」において、コーポレートガバナンス改革が成長戦略の重要事項と位置づけられて以来、コーポレートガバナンス改革の中核となる社外取締役がより実質的な役割を果たし、その機能を発揮することが重要とされてきた。

このような動きのなか、経済産業省では、二〇一七年にコーポレート・ガバナンス・システムに関する実務指針（CGSガイドライン）を策定するなど、コーポレートガバナンス改革を形式から実質へと深化させるための取組みを行ってきた。さらに、二〇一九年一一月から二〇二〇年一月にかけては、社外取締役の活動実態や課題を把握するため、東証一部・二部上場企業の社外取締役を対象にアンケート調査（以下「社外取締役向けアンケート調査」という）を実施するとともに、社外取締役四二名に対するインタビュー調査（以下「社外取締役へのインタビュー調査」という）を行い、ベストプラクティスを収集・整理した。

これらの調査で得られた結果をもとに、経済産業省は二〇二〇年五月よりコーポレート・ガバナンス・システム研究会（第二期）（以下「本研究会」という）を再開し、社外取締役としての役割認識や心構え、具体的な取組みおよび会社側のサポート体制等のベストプラクティスについて議論を行い、その成果をまとめるかたちでガイドラインを策定している。

ガイドラインの目的と対象

ガイドラインでは、会社法およびコーポレートガバナンスコード（以下「コード」という）の趣旨をふまえつつ、社外取締役に期待される基本的役割や取組みについて実務的な視点から整理している。社外取締役に関する具体的な取組みについて、ベストプラクティスを紹介することで、社外取締役のパフォーマンスの向上を通じた持続的な成長の実現と企業価値の向上を目的としている。

ガイドラインの主な対象は、上場企業の社外取締役だが、社外取締役と協力しながら持続的な成長の実現と企業価値の向上を目指す社長・ＣＥＯ等の経営陣、監査役、取締役会事務局等にも必要に応じてご参照いただけるものである。

ガイドラインの構成

ガイドラインは、全三章から成る。第一章では、社外取締役が心がけるべき主な事項を「５つの心得」として整理し、第二章では社外取締役に期待される役割を果たすために求められる具体的な行動のあり方について、社外取締役への就任時、取締役会、投資家との対話やＩＲ等への関与等の場面ごとに整理している。第三章では経営陣や取締役会事務局等を主な対象として、会社側が構築すべきサポート体制および環境についてまとめている。

社外取締役へのインタビュー調査および社外取締役向けアンケート調査の自由記述欄でいただいたご意見をガイドラインの構成に沿って項目ごとに匿名で掲載したものが、本書のもとにもなった「参考資料1　社外取締役の声」である。

またガイドラインには、「参考資料2　社外取締役に関するアンケート調査結果」が参考資料として掲載されているが、これは社外取締役向けアンケート調査結果のうち、ガイドラインに関連するものを抜粋したものである（図表1　本ガイドラインの概要）。

ガイドラインが示す、社外取締役の5つの心得

第一章では、社外取締役の位置づけをふまえ、社外取締役の役割および心構えとして特に重要なポイントを5点に絞り、「社外取締役の5つの心得」として整理している（図表2　社外取締役の5つの心得）。

ガイドラインでは、第一章の冒頭で社外取締役の位置づけを確認している。具体的には、取締役会の構成員となる取締役は、会社との間で委任関係にあり、会社に対する善管注意義務を負っていること、株主からの付託を受けて、会社の持続的な成長と中長期的な企業価値の向上を図る観点から経営を監督することが基本的な役割であること、特に、社外取締役には、経営陣から独立した立場から「株主の付託を受けて、会社の持続的な成長と中長期的な企業価値の向上を図る観点から経営を監督する」役割が期待されること等を示している。

図表1　本ガイドラインの概要

項目		詳細
本体	第１章 社外取締役の心得	・取締役会の職務・権限や取締役の義務・役割に関する会社法の規定や解釈などを整理したうえで、こうした会社法上の位置づけをふまえたベストプラクティスとして、社外取締役の役割および心構えとして特に重要な点をまとめている。 ・具体的には、《心得１》《心得２》《心得５》は、主として社外取締役の基本的な役割について、《心得３》《心得４》は、こうした役割を果たすための心構えについて記載している。
	第２章 社外取締役としての具体的な行動のあり方	・第１章で整理した社外取締役として期待される役割を果たすための具体的な行動のあり方についてまとめている。
	第３章 会社側が構築すべきサポート体制・環境	・社外取締役が役割を果たすために会社側が構築すべきサポート体制および環境について記載している。
参考資料１ 社外取締役の声		・社外取締役へのインタビュー調査および社外取締役向けアンケート調査の自由記述欄でいただいたご意見を、本編の構成に沿って各項目に関連するものを列挙するかたちで掲載している。
参考資料２ アンケート調査結果		・社外取締役向けアンケート調査および企業向けアンケート調査の結果のうち、本ガイドラインに関連するものについて整理している。

図表2　社外取締役の５つの心得

心得1	社外取締役の最も重要な役割は、経営の監督である。その中核は、経営を担う経営陣（特に社長・CEO）に対する評価と、それにもとづく指名・再任や報酬の決定を行うことであり、必要な場合には、社長・CEOの交代を主導することも含まれる。
心得2	社外取締役は、社内のしがらみにとらわれない立場で、中長期的で幅広い多様な視点から市場や産業構造の変化をふまえた会社の将来を見据え、会社の持続的成長に向けた経営戦略を考えることを心がけるべきである。
心得3	社外取締役は、業務執行から独立した立場から、経営陣（特に社長・CEO）に対して遠慮せずに発言・行動することを心がけるべきである。
心得4	社外取締役は、社長・CEOを含む経営陣と、適度な緊張感・距離感を保ちつつ、コミュニケーションを図り、信頼関係を築くことを心がけるべきである。
心得5	会社と経営陣・支配株主等との利益相反を監督することは、社外取締役の重要な責務である。

心得1とは

社外取締役の最も重要な役割は、株主の付託を受けて、会社の持続的な成長と中長期的な企業価値の向上を図る観点から経営を監督することであるとの考えにもとづき、心得の一つ目は「社外取締役の最も重要な役割は、経営の監督である。その中核は、経営を担う経営陣（特に社長・ＣＥＯ）に対する評価と、それに基づく指名・再任や報酬の決定を行うことであり、必要な場合には、社長・ＣＥＯの交代を主導することも含まれる。」としている。

経営の「監督」と「助言」

社外取締役向けアンケート調査と同時期に経済産業省が実施した企業向けアンケート調査（二〇一九年一一月から二〇二〇年一月にかけて、日本企業のコーポレートガバナンスに関する実態を把握するため、東証一部・二部上場企業二六三三社を対象にアンケート調査を実施し、八六八社から回答を得た（回答率三三・〇%））によると、会社が社外取締役に期待する役割として、「経営に関する助言」または「どちらかと言えば経営に関する助言」と回答した会社が五七%であり、社外取締役に対して「経営に関する助言」を期待している会社は少なくない。しかしながら、今般のコーポレートガバナンス改革の趣旨をふまえると、取締役会として監督機能の強化を図ることが重要であり、ガイドラインでは社外取締役の基本的な役割は「経営の監督」であることを明確化している。

なお、「監督」と「助言」を二項対立の関係としてとらえることは必ずしも適切ではない。「経営の監督」という役割を果たす一環として、局面によっては経営陣に対する助言というかたちをとることが効果的な場合もあり得ると考えられ、社外取締役には、「経営の監督」を基本としつつ、会社の状況に応じて臨機応変に助言を行うことも期待されている。

経営陣との役割分担

ガイドラインでは、社外取締役は経営の「監督」を行い、社長・CEOをはじめとする経営陣が「執行」を行うとの役割分担に基づき、取締役会に付議される個別の業務執行の決定について、社外取締役が経営の「監督」の範囲を超えて、日常の業務執行に過度に細かな干渉を行うことには慎重であるべきであるとの考え方を示している。

特に、経営経験を有する社外取締役は、豊富な経験に基づき、個別の業務執行に対して細かな助言を行う能力を兼ね備えている場合も少なくないと考えられるが、社外取締役が細部の業務執行を行う場合、社外取締役に代わる執行の監督者が不在となり、コーポレートガバナンスの観点から逆効果となる可能性もある。社外取締役は、「非業務執行」という立場をふまえ、過度に細かい業務執行に立ち入らないことを心がける必要がある。この点については、社外取締役へのインタビュー調査においても、「社外取締役は、社内の役員が気付かないような本質論について議論を行い、後は執行陣に任せる。そのバランスが大事だと思っている」といった意見が寄せられている。

経営陣のリスクテイクをサポートする役割

前述のとおり、社外取締役の基本的な役割は経営の「監督」と整理しているが、これは経営陣との対立関係や上下関係に立つことを意図したものではない。ガイドラインでも、取締役会で十分に議論を尽くして決定した経営戦略や投資については、社外取締役は当該意思決定を監督した取締役の一人として、経営陣とともに資本市場に対して説明責任を果たし、経営陣のリスクテイクを支えることも重要な役割であるとしている。

心得2とは

日本企業では、中長期的な経営戦略に関する取締役会での議論が短時間にとどまっていることが指摘されており、そのなかで、社外取締役が会社の中長期的な経営戦略に関与することはきわめて重要となっている。そこで、心得2では「社外取締役は、社内のしがらみにとらわれない立場で、中長期的で幅広い多様な視点から、市場や産業構造の変化を踏まえた会社の将来を見据え、会社の持続的成長に向けた経営戦略を考えることを心掛けるべきである。」と提唱している。

社外の視点を取り入れる

雇用の流動性が低い日本企業では、独自の「社内の常識」が形成されやすいため、社外取締役が社内の常識にとらわれない視点から、会社の意思決定の妥当性をチェックしていくことが重要となる。本書でも、社外取締役の役割として、事業計画や事業戦略の妥当性について企業の外での経験や視点をベースにみることが重要であることについて、蛭田史郎氏が言及するなど、複数の方からこの点への指摘があった。

中長期的な視点に立つ

社外取締役としては、経営戦略を議論する際に中長期的な視点に立つことはもちろん、個別の業務執行の決定に関しても、会社の中長期的な経営戦略との整合性があるかという視点から確認することが求められる。また、運用方針によりさまざまな時間軸で投資を行う株主との関係においても、経営陣が中長期的な時間軸で経営戦略を考えられるようサポートすることが重要である。

また、社外取締役には、ＥＳＧやＳＤＧｓ等のグローバルな潮流もふまえた持続可能性を意識した視点が期待されている。社外取締役へのインタビュー調査においても、経営陣を含む会社の従業員は、中期計画や年度予算があるため、どうしても目の前の事業機会や利益に焦点を当てざるをえないが、社外取締役としては、そのような執行の立場も理解したうえでカウンターバランスを図る必要があるとの意見もあった。

心得3とは

社外取締役には、社内のしがらみにとらわれない役割が期待されているため、心得3では「社外取締役は、業務執行から独立した立場から、経営陣（特に社長・CEO）に対して遠慮せずに発言・行動することを心掛けるべきである。」としている。

このような役割を十分に果たすためにも、社外取締役には会社および経営陣からの独立性の担保が重要となる。具体的には、社外取締役には、必要な場合には辞任する覚悟を含む精神的な独立性が重要であるとともに、会社に対して経済的に依存しすぎないことも必要である。本書のなかでも、倫理観の観点から斉藤惇氏がその重要性について言及している。

なお、この点について本研究会では、「企業に対する経済的独立性という観点では（略）依存関係が生じる場合もあるが、必要な場合には辞任する覚悟を持って意見を言える関係にあれば問題なく、過度に経済的独立性のみを強調することは必ずしも好ましくない。」との指摘もあり、社外取締役には、第一義的には精神的独立性を確保することが期待されているところである。

心得4とは

社外取締役が実効的な経営の監督を行うためには、経営陣との間で相互に尊重し合う信頼関係を構築することが重要であるとの考えに基づき、心得4は「社外取締役は、社長・CEOを含む経営陣と、適度な緊張感・距離感を保ちつつ、コミュニケーションを図り、信頼関係を築くことを心掛けるべきである。」としている。

この点について、社外取締役へのインタビュー調査においてもさまざまな意見が寄せられており、たとえば、「経営陣との関係では、当たり前のことだが信頼関係が最重要。信頼関係がないと、何を言っても耳を貸してくれないし、ただ文句を言っている人だと見られてしまう。また、緊張感のある関係も大切。会社の仕事と混同し、会社に遠慮して物事を言えないのは問題。この二つの兼ね合いは難しいが、これができれば、この社外取締役は『自分たちのことを思って言ってくれている。』というように思ってもらえる。」とのコメントがあった。社外取締役には、会社との間で緊張感と信頼感の適切なバランスを維持するという高度な役割が期待されているといえよう。

心得5とは

会社と経営陣・支配株主等との利益相反が生じ得る場面においては、独立した立場から社外取締役が積極的に関与し、その妥当性を判断することが期待されるとの考えにもとづき、心得5は「会社と経営陣・支配株主等との利益相反を監督することは、社外取締役の重要な責務である。」としている。

社外取締役が中立的な立場で行動することは一般的には問題ないが、特に支配株主等が存在する会社においては、支配株主等とそれ以外の一般株主との間に利益相反リスクが存在する。このため、社外取締役は、単にすべての株主に対して中立的な立場ということではなく、支配株主等以外の一般株主の利益を確保する観点から判断・行動することが求められるといえる。この点について翁百合氏がインタビューで触れており、上場子会社が親会社と取引する場合には、少数株主、一般株主に対して配慮することが重要であり、社外取締役がその視点から指摘することの重要性について言及されている。

社外取締役への就任時の留意事項

第二章では、社外取締役としての具体的な行動のあり方についてまとめている。まず、就任時の留意事項として、社外取締役への就任を打診された際は、会社側の説明をふまえ、自身が考える役割と会社側が期待している役割とのすり合わせを行うことで自らの役割を明確に認識するとともに、社外取締役が機能を発揮するための前提となる取締役会のあり方や、自らが考える役割を果たすことに対して経営陣が前向きに考えているかどうか、会社側において必要なサポート体制の整備に取り組む意欲があるのかといった点について確認しておくことが重要である。本書に掲載した小林いずみ氏へのインタビューでも、就任時にそのような確認をすることの重要性について言及している。

取締役会の実効性を高めるための働きかけ

取締役会の実効性を高めるために、社外取締役はどのようなことに留意すべきだろうか。この点について、ガイドラインでは左記の三つのテーマに分けて記載している。

① 取締役会当日までに留意すべき点について

② 取締役会当日における運営上の工夫について

③ 情報共有や事前準備について

取締役会当日までに留意すべき点について

一つ目のテーマは、開催頻度や審議時間の見直し、アジェンダセッティング、素案段階の議論への社外取締役の参加といった、取締役会当日までに留意すべき点についてである。

まず、会社が目指す取締役会のあり方を明確にし、その機能や役割を果たすため、社外取締役は取締役会の開催頻度や審議時間、付議事項が適切であるかを確認し、必要に応じて見直しを促すことが求められる。

また、実効的な取締役会とするためには、適切なアジェンダセッティングを行うことが重要である。現状、社長・ＣＥＯ等の執行側が取締役会議長を務めている日本企業が大半であり、アジェンダセッティングも執行側が主導することが一般的となっている。しかし、取締役会においてどのような議題を議論するかはガバナンスを働かせるうえで重要であり、必要に応じて社外取締役が能動的に関与することが期待されているといえる。

アジェンダセッティングの際には、付議基準に従って取締役会に上程される議案だけではなく、経営戦略等に関する議論を充実させることや、監督の観点から重要な案件を取締役会に上程させること等が重要である。その際、取締役会議長を務める社外取締役が代表してこの役割を担うことが現実的な方法であるとも考えられる。この点について、本書のなかで泉谷直木氏がプラクティスを紹介している。

中長期的な経営戦略に関する議論を促すことや、経営陣から独立した立場で事業ポートフォリオに関する検討を働きかけるとともに、必要に応じて、事業の切出しに関する経営陣の判断を後押しすることも重要となる。事業ポートフォリオの検討における社外取締役の役割については、翁百合氏が詳細に言及している。

一つ目のテーマの最後は、中長期的な経営戦略等の重要な議案については、素案の段階から繰り返し議論することを求めることである。現状、日本企業においては、中期経営計画の決定等の重要な議案について、執行側が固めた素案が取締役会に上程され、そのまま承認されていることが多いとの指摘が少なくない。

しかし、そのような方法では、社外取締役の知見を取り入れることや中長期的な経営戦略に照らして方向性を抜本的に見直すことはむずかしく、素案の段階から社外取締役を含めて議論するように働きかけていくことが重要である。本書のなかでは、議論の過程において社外取締役が忌憚なく論理的に意見を出すことの重要性や留意点について、阿部敦氏が具体的な姿を描き出している。

取締役会当日における運営上の工夫について

取締役会の実効性を高めるために、社外取締役が留意すべきことの二つ目のテーマは、取締役会当日における運営上の工夫についてである。

取締役会における審議を活性化させるためには、取締役の発言を増やすことが重要であり、審議時間を十分に確保するとともに、議案説明にかかる時間を削減し、進行を効率化させることと等が考えられる。

具体的には、取締役会の議題として、「決議事項」と「報告事項」以外に、「検討事項」や「討議事項」等の区分を設けるなど、その場で結論を得ることを目的としない議論の時間を設けることがあげられる。取締役会の議論のあり方については、小林喜光氏がインタビューで具体的なプラクティスについて触れている。

また、取締役会における貴重な発言機会を活かすため、社外取締役は簡潔で付加価値の高い発言をするように心がけ、自らの発言に責任をもつことを意識することも重要である。

そして、社外取締役がモニタリングの仕組みの構築に関与することも考えられる。取締役会で審議を行い、経営陣に一定の対応を求めた事項については、その後の対応状況について報告を求める等、定期的に進捗状況等をモニタリングすることが重要であり、そのための仕組みの構築を促すことが鍵となる。

情報共有や事前の準備について

取締役会の実効性を高めるために、社外取締役が留意すべきことの三つ目のテーマは、情報共有や事前の準備についてである。

取締役会における議論を建設的なものとするためには、たとえば、おおむね三日前までに会社側から事前の資料提供を受け、必要に応じて説明を求めることが有効といえる。

また、取締役会が社外取締役の質疑応答だけで終わってしまっているという指摘もあることから、取締役会の時間を有効活用するため、取締役会の前の確認等で足りるような事項は事前に対応し、取締役会では可能な限り「議論」に時間を使うように心がけることも必要である。

そして、日頃からさまざまなリスク情報に接する監査役等（監査役、監査等委員、監査委員）

と、それ以外の社外取締役との間での情報格差をなくすため、両者の間でリスク情報の共有を可能とする仕組みの構築も有意義といえる。

指名・報酬への関与

二〇一八年六月のコード改訂により、任意の指名委員会・報酬委員会の設置が原則化されて以降、任意の指名委員会・報酬委員会を設ける企業が増加しつつある。

社外取締役を中心に構成される指名委員会・報酬委員会の設置は、経営陣の指名・報酬について適切なガバナンスを働かせるための重要な仕組みであり、未設置の場合には、会社側に対してその設置を求め、適切なガバナンスが働くように促していくことも重要な役割といえる。本書においても、伊藤邦雄氏や榊原定征氏をはじめ、複数の方から、指名委員会および報酬委員会の活用などにより、社外取締役が指名・報酬に関与することの意義について言及があったところである。

経営陣の指名に関する社外取締役の対応のあり方

社外取締役は、会社の持続的な成長と中長期的な企業価値の向上のため、社長・ＣＥＯ交代を行うための前提となる後継者計画の重要性を認識するとともに、その策定・運用が適切に行われるように監督することが求められている。

現状、社長・CEOは社内昇格で就任する場合が多いとの指摘があるが、会社の持続的な成長を実現するという観点からは、社内人材に限らず、幅広く候補者を検討することも有益といえる。グローバル競争のなかで成長を目指す会社にとっては、外国人を含め、グローバルな人材層の中から候補者を選定していくことや、社外人材を役員等のポストで採用し、将来の社長・CEO候補として育成していくこと等についても積極的に検討するよう後押ししていくことが重要であろう。

会社の持続的な成長と中長期的な企業価値の向上にとって最適ではないと判断した場合、社長・CEOを再任しないまたは解任することの検討が必要となる。このような場合、社外取締役には、主体的・主導的に検討プロセスを進めるといった積極的な役割が期待される。この点、具体的なアプローチについては川村隆氏が詳細に言及している。また、企業価値の考え方については、顧客価値の創造という視点から、坂根正弘氏が詳細に解説している。

経営陣の報酬に関する社外取締役の対応のあり方

経営の監督を行ううえで、会社の持続的な成長に向けて経営陣に対して適切なインセンティブを付与するための手段として、適切な報酬設計を行うことは重要である。

お手盛り防止という利益相反の観点にとどまらず、会社の持続的な成長と中長期的な企業価値の向上に向け、企業理念や経営戦略にもとづく中長期的な経営目標と整合的な報酬設計になっているかどうかといった観点から監督を行うことが考えられる。

取締役会、指名委員会・報酬委員会の実効性評価

取締役会の実効性評価に際しては、実施方法や実施結果について取締役会において議論し、PDCAサイクルを回していくことが求められる。取締役会の運営に関する課題のみならず、ガバナンスの実効性確保の観点から、幅広く課題を把握し、改善につなげていくことが実効性評価として期待される。

取締役会の実効性を高めるための取組みとして、たとえば、取締役会評価の実施に社外取締役が主体的に関与していくことや、実効性評価の結果について、社外取締役から経営陣に対し

てフィードバックを行い、経営陣にその結果をふまえた改善策について検討するように促すこと等が挙げられる。本書においても、実効性評価とそのフォローをしっかりと行うことの重要性について、藤田純孝氏がインタビューの中で強調しているところである。

社外取締役の構成と多様性

また、さまざまな人材を組み合わせて取締役会全体として必要な資質・背景を備えさせる観点から、中長期的な時間軸で社外取締役の適切な構成を維持・確保するためのサクセッションプランについて、社外取締役自身が主体的に考えていくことが望ましいといえる。取締役会の多様性については、橘・フクシマ・咲江氏が具体的な考え方について言及している。

社外取締役の構成を検討する際には、スキルマトリックスを作成して確認すること等を通じて、会社が目指している取締役会のあり方をふまえ社外取締役全体として必要なスキルセットが確保されるように配慮することが重要である。この点、本書では松﨑正年氏が社外取締役の選任プロセスについてプラクティスを紹介している。

社外役員のみでの議論の場を設ける

社外役員（社外取締役および社外監査役）間で忌憚のない活発な議論を行うことは、社外役員間の信頼関係の構築につながるとともに、各自の認識を共有することで、社外取締役としての発言力を強め、取締役会における議論に独立した立場からの視点を入れることにもつながると考えられる。社外役員のみの議論の場には、必要に応じて、社内監査役や会計監査人、非業務執行の社内役員等を入れることも有用であろう。

インフォーマルな議論の場を設ける

取締役会では時間的制約があるため、簡潔な意見表明を行うことが優先される場合も現実にはあり得る。しかし、会社としての方向性や経営戦略といった大きなテーマを議論するためには、ある程度まとまった時間が必要となる。時間的な制約が比較的少ないインフォーマルな議論の場を設けることにより、結論を出すことに縛られずに自由に意見交換を行い、さまざまな問題について深掘りすることが可能となるといえる。

経営陣（特に社長・ＣＥＯ）とのコミュニケーションを充実させる

社内役員が同席している場では話しにくい場合も考えられ、特に、取締役会議長や筆頭社外取締役を務めている社外取締役は、社長・ＣＥＯと個別に話をする機会を設け、社長・ＣＥＯのコーポレートガバナンスへの理解・意欲、経営環境をどうとらえ、中長期的な経営戦略を考えているのか等を把握することが有意義であるといえる。社外取締役と経営陣とのコミュニケーションの重要性については、本書でも伊藤邦雄氏が言及している点である。

投資家との対話やＩＲ等への関与

社外取締役は、投資家との対話を通じ、投資家が会社の状況をどのようにみているかという資本市場の視点を把握するとともに、投資家の意見に耳を傾け、会社の持続的な成長と中長期的な企業価値の向上に有用となり得るものは、取締役会での議論に反映させる役割を担っており、いわば投資家との窓口になることが期待されているともいえる。

投資家との対話を行うこと自体は、法令上必ずしも取締役会等による承認が必要となるものではないが、社外取締役が投資家との対話に関する積極的な役割を果たしやすくするために、投資家から社外取締役との対話の要請があった場合等の対応方針や手続、情報管理方針等について、取締役会であらかじめ定めておくことも考えられる。

また、取締役会の一員であり、経営を監督する立場にある社外取締役が、投資家等に対して、会社の重要な課題に関して取締役会において十分に議論したうえで決定した方針について説明することは、決定した方針の合理性や妥当性について投資家等の理解と納得につなげるうえでも有効であるといえる。

なお、本書で取りあげたインタビューでは、社外取締役が投資家等とエンゲージメントすることについて、投資家が何をみているか理解する良い機会であるとの指摘がある一方で、エンゲージメントを行うことに対して慎重な意見もあった。

会社側が構築すべきサポート体制・環境

ここまで、主に社外取締役が心がける内容や果たすべき役割について解説してきたが、それと同時に、社外取締役がその役割・責務を充分に果たすためには、会社側が果たす役割も重要である。ガイドラインの第三章においては、社外取締役の役割について積極的にとらえ、その機能発揮に向けて活動をサポートする体制を整えるとともに、社外取締役の要望に応じて、あるいは会社側から能動的に、活動をサポートするための会社側の体制を充実させていくことについて、具体的な指針を示している。

（経済産業省経済産業政策局産業組織課）

KINZAIバリュー叢書
社外取締役の実像―15人の思想と実践―

2021年7月7日　第1刷発行

編著者　経済産業省
協　力　PwCあらた有限責任監査法人
発行者　加藤一浩

〒160-8520　東京都新宿区南元町19
発　行　所　一般社団法人 金融財政事情研究会
企画・制作・販売　株式会社 きんざい
出版部　TEL 03(3355)2251　FAX 03(3357)7416
販売受付　TEL 03(3358)2891　FAX 03(3358)0037
URL https://www.kinzai.jp/

DTP・校正：株式会社友人社／印刷：三松堂株式会社

ISBN978-4-322-13955-6